아는만큼
재미있는

카카오톡

이 책의 구성

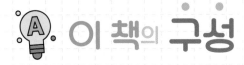

학습 포인트

이번에 학습할 핵심 요소를 살펴봅니다.

학습 목표

무엇을 학습할지 알고 시작합니다.

미리보기

학습 결과물을 미리 살펴봅니다.

학습 다지기

실습 전에 학습할 내용을 간단히 살펴봅니다.

01 학습 다지기 스마트폰, 너란 존재는?

Step 01 스마트폰이란?

• 스마트폰은 휴대 가능한 소형 컴퓨터에 전화 기능이 추가된 단말기를 말합니다. 그래서 '손 안의 컴퓨터'라고 부르기도 합니다. 인터넷 접속이 가능하며 원하는 응용 프로그램(앱)을 설치하여 다양한 기능을 사용할 수 있습니다. 문서 작성 앱을 설치하면 손쉽게 업무를 처리할 수 있고 카메라 앱과 편집 앱을 이용하면 사진이나 동영상 촬영과 편집이 가능합니다. 이외에도 다양한 앱이 만들어져 게임, 동영상, TV 프로그램, 영화 등의 콘텐츠 소비 활동이 더욱 편리해졌습니다. 이제는 업무부터 여가까지 일상의 모든 활동에 스마트폰이 빠질 수 없게 되었습니다.

• 스마트폰은 컴퓨터와 같이 운영체제(OS)가 설치되어 있는데, 이에 따라 구글의 안드로이드 운영체제를 탑재한 안드로이드 폰과 애플의 iOS 운영체제를 탑재한 아이폰으로 구분합니다.

운영체제	개발사	특징	단말기
안드로이드	구글	구글이 개발한 모바일 운영체제로 이 운영체제를 채용한 단말기를 안드로이드 폰이라 합니다.	삼성 갤럭시, 모토로라
iOS	애플	애플이 개발한 모바일 운영체제로 아이폰 이외의 단말기에서는 사용할 수 없습니다.	iphone 시리즈

이 책에서는 안드로이드 10 버전의 삼성 스마트폰을 기준으로 설명합니다. 이에 스마트폰 운영체제와 버전에 따라 용어 및 실습 과정이 교재와 다를 수 있습니다.

01_스마트폰과 친해지기 **7**

실력 다듬기

활용 예제를 통해 따라하기 방식으로
학습 내용을 익힙니다.

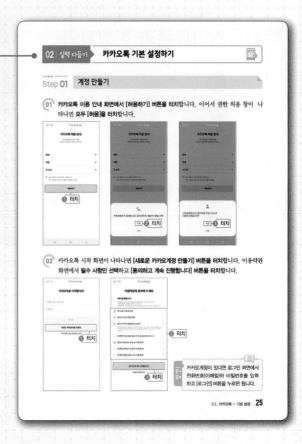

실력 다지기

응용 예제를 통해 학습 내용을 정리하고
복습합니다.

카카오는 정기적으로 앱의 콘텐츠를 추가/수정/삭
제하고 있습니다. 카카오 제공 서비스나 디자인 등
도 업데이트로 변경되기 때문에 학습 시점의 모습
등이 교재와 다를 수도 있습니다.

 이 책의

스마트폰과 친해지기

학습 포인트

- 스마트폰 화면 구성 익히기
- 스마트폰 터치 동작 익히기
- 스마트폰 버튼 조작하기
- 음량 조절하기
- 화면 캡처하기

스마트폰은 일상생활을 하는 데 없으면 안 될 필수품이 되었습니다. 통화뿐만 아니라 기존에 카메라, 지갑, TV가 담당하던 기능까지 단말기 하나로 소화할 수 있습니다. 스마트폰을 사용하기에 앞서 가장 기본이 되는 스마트폰 조작 방법에 대해 알아보겠습니다.

스마트폰, 너란 존재는?

Step 01   스마트폰이란?

- 스마트폰은 휴대 가능한 소형 컴퓨터에 전화 기능이 추가된 단말기를 말합니다. 그래서 '손 안의 컴퓨터'라고 부르기도 합니다. 인터넷 접속이 가능하며 원하는 응용 프로그램(앱)을 설치하여 다양한 기능을 사용할 수 있습니다. 문서 작성 앱을 설치하면 손쉽게 업무를 처리할 수 있고 카메라 앱과 편집 앱을 이용하면 사진이나 동영상 촬영과 편집이 가능합니다. 이외에도 다양한 앱이 만들어져 게임, 동영상, TV 프로그램, 영화 등의 콘텐츠 소비 활동이 더욱 편리해졌습니다. 이제는 업무부터 여가까지 일상의 모든 활동에 스마트폰이 빠질 수 없게 되었습니다.

- 스마트폰은 컴퓨터와 같이 운영체제(OS)가 설치되어 있는데, 이에 따라 구글의 안드로이드 운영체제를 탑재한 안드로이드 폰과 애플의 iOS 운영체제를 탑재한 아이폰으로 구분합니다.

운영체제	개발사	특징	단말기
안드로이드	구글	구글이 개발한 모바일 운영체제로 이 운영체제를 채용한 단말기를 안드로이드 폰이라 합니다.	삼성 갤럭시, 모토로라
iOS	애플	애플이 개발한 모바일 운영체제로 아이폰 이외의 단말기에서는 사용할 수 없습니다.	iphone 시리즈

> 이 책에서는 안드로이드 10 버전의 삼성 스마트폰을 기준으로 설명합니다. 이에 스마트폰 운영체제와 버전에 따라 용어 및 실습 과정이 교재와 다를 수 있습니다.

인터페이스는 사용자가 스마트폰을 작동시키기 위한 연결 장치를 뜻합니다. 스마트폰은 터치와 버튼 두 가지 방법으로 조작할 수 있습니다. 터치는 손가락으로 직접 스마트폰 화면을 누르거나 두드리는 방법이며 버튼은 스마트폰 좌우 측면에 돌출된 버튼을 누르는 방법입니다.

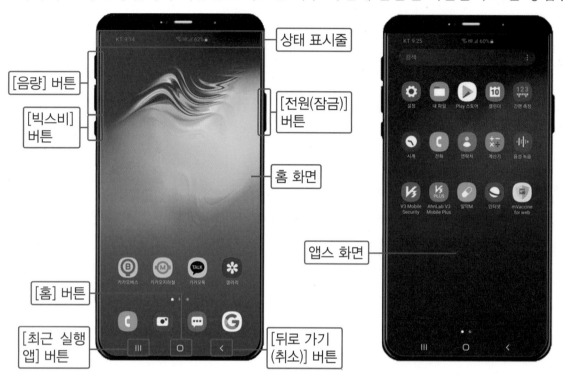

[전원(잠금)] 버튼	• 짧게 누르면 잠금 상태(화면)를 켜거나 끌 수 있습니다. • 길게 누르면 전원을 끄거나 다시 시작할 수 있습니다.
[음량] 버튼	• 스마트폰의 음량을 조절합니다. • 버튼의 위쪽(+)을 누르면 음량이 커지고, 버튼의 아래쪽(−)을 누르면 음량이 작아집니다.
[빅스비] 버튼	• 삼성 갤럭시 모델에서 제공하는 음성인식 인공지능 버튼으로 누르면 사용법을 확인할 수 있습니다. • 기종에 따라 버튼이 없기도 합니다.
[홈] 버튼	• 짧게 터치하면 홈 화면으로 돌아갑니다. • 길게 터치하면 구글 어시스턴스(음성인식 서비스)가 실행됩니다. • 기종에 따라 외부 돌출 버튼/화면 터치 버튼으로 나뉩니다.
[최근 실행 앱] 버튼	• 최근 실행한 앱의 목록이 창 형식으로 나타납니다. • 기종에 따라 외부 돌출 버튼/화면 터치 버튼으로 나뉩니다.
[뒤로 가기(취소)] 버튼	• 실행 취소 또는 한 단계 이전으로 돌아갈 수 있습니다.
홈 화면	• 컴퓨터의 바탕화면처럼 자주 사용하는 앱과 위젯을 원하는 대로 배치할 수 있습니다.
앱스 화면	• 스마트폰에 설치된 모든 앱을 볼 수 있으며 폴더별로 관리가 가능합니다.
상태 표시줄	• 스마트폰의 현재 상태에 대한 정보를 제공합니다(현재 시각, 배터리 상태, 각종 알림).

Step 01 터치 동작 익히기

별도의 장치 없이 손가락만으로 스마트폰을 조작할 수 있습니다. 각 터치 동작이 스마트폰 화면에서 어떤 기능으로 실행되는지 함께 알아보겠습니다.

▶ 한 번 터치

• **동작** : 손가락 끝으로 화면이나 아이콘을 가볍게 두드립니다.

• **기능** : 앱을 실행하거나 메뉴를 선택할 수 있고, 문자를 입력할 수 있습니다.

▶ 두 번 터치

• **동작** : 손가락 끝으로 화면이나 아이콘을 빠르게 두 번 두드립니다.

• **기능** : 웹 화면이나 사진을 두드린 부분을 중심으로 확대해서 볼 수 있고, 문장을 블록 설정해 복사할 수 있습니다.

▶ 길게 터치

- **동작** : 손가락 끝으로 화면이나 아이콘을 2초 이상 길게 꾹 누릅니다.
- **기능** : 해당 앱이나 화면에서 실행 가능한 기능의 목록을 볼 수 있습니다.

▶ 드래그

- **동작** : 손가락 끝으로 아이콘이나 특정 항목을 길게 눌러 원하는 위치로 끌어다 놓습니다.
- **기능** : 선택한 앱이나 폴더의 위치를 이동합니다.

▶ 스크롤

- 동작 : 손가락 끝으로 화면을 좌우 또는 위아래로 밉니다.
- 기능 : 홈 화면에서 상단의 상태 표시줄 내리기와 앱스 화면으로 이동하기를 할 수 있으며 이외에 웹 또는 앱에서 페이지 넘기기, 화면 이동하기 등을 할 수 있습니다.

▶ 핀치 줌

- 동작 : 두 손가락 끝으로 화면을 누른 상태에서 벌리거나 오므립니다.
- 기능 : 확대나 축소가 가능한 앱에서 사용 가능합니다. 두 손가락을 벌리면 확대, 오므리면 축소됩니다.

▶ 화면 켜기

스마트폰의 화면이 꺼져 있는 상태에서 **[전원] 버튼을 누릅니다.** 화면이 켜지고 잠금화면이 나타납니다.

▶ 잠금화면 해제

잠금화면을 위 또는 아래로 스크롤합니다. 잠금화면이 해제되면서 홈 화면이 나타납니다.

> 화면 잠금 방식이 '드래그'로 설정된 경우에는 스크롤로 풀 수 있지만 패턴이나 지문, 비밀번호 등을 사용하고 있다면 설정해둔 방법으로 해제해야 합니다.

▶ 전원 끄기

홈 화면에서 [전원] 버튼을 길게 누르면 선택 화면이 나타납니다. **맨 위의 [전원 끄기]를 터치**하고 한 번 더 [전원 끄기]를 터치해 전원을 끕니다.

전원 끄기 선택 화면

① **전원 끄기** : 스마트폰의 전원을 차단하여 어떠한 기능도 사용할 수 없게 됩니다.

② **다시 시작** : 스마트폰을 재시작합니다. 자동으로 전원이 꺼졌다가 켜집니다. 스마트폰 업데이트 시 자동으로 재시작하는 경우가 있으며 일시적으로 작동되지 않는 현상이 나타날 경우 시도해 볼 수 있습니다.

③ **긴급 모드** : 긴급상황에서 사용할 수 있는 기능으로 손전등, 알람 기능, 긴급 연락처에 현재 위치 알림 기능 등 필수 기능과 앱만 사용할 수 있게 됩니다. 이용약관에 동의한 후 사용할 수 있습니다.

▶ 전원 켜기

다시 [전원] 버튼을 길게 누릅니다. 스마트폰이 작동하며 잠금화면이 나타납니다.

Step 03 음량 버튼 조작하기

▶ 음량 키우기

화면이 켜진 상태에서 [음량] 버튼의 위쪽(+)을 누릅니다. 누를 때마다 음량이 커지는 걸 확인할 수 있습니다.

다시 [전원] 버튼을 길게 누릅니다. 스마트폰이 작동하며 잠금화면이 나타납니다.

▶ 음량 줄이기

화면이 켜진 상태에서 **[음량] 버튼의 아래쪽(−)을 누릅니다.** 누를 때마다 음량이 작아지고 최대로 낮추면 이후에는 진동 모드로 바뀝니다.

> 통화 중에도 [음량] 버튼을 조작할 수 있습니다. 상대방의 목소리가 너무 작거나 크게 들린다면 [음량] 버튼의 위쪽(+) 또는 아래쪽(−)을 눌러 통화 음량을 조절할 수 있습니다.

▶ 음량 메뉴 열기

[음량] 버튼을 눌러 화면 상단에 **[음량] 창이 나타나면** ☑을 **터치합니다.** 화면에 음량 메뉴가 나타납니다.

▶ 음량 조절하기

음량 메뉴에서 **벨소리의 파란 막대를 좌우로 드래그**하여 원하는 볼륨 위치로 설정합니다. 벨소리 크기 조정이 완료되면 **홈 화면의 빈 곳을 터치**합니다. 메뉴가 종료되고 홈 화면으로 돌아갑니다.

음량 메뉴

① **미디어** : 동영상이나 음악이 재생될 때의 음량

② **알림** : 앱이나 스마트폰의 상태 알림과 관련된 소리의 음량

③ **시스템** : 키보드 타자음, 터치음 등 스마트폰 작동과 관련된 소리의 음량

• 알림과 시스템은 무음 또는 진동 모드에서는 조절할 수 없습니다.

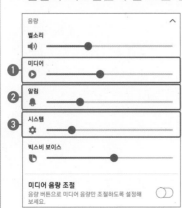

▶ [설정] 앱에서 음량 조절하기

01 홈 화면에서 위로 스크롤하여 앱스 화면으로 이동한 후 **[설정(⚙)] 앱을 터치**합니다. 설정 화면이 나타나면 **[소리 및 진동]을 터치**해 선택합니다.

02 **[음량]을 터치하여 선택하면 조절 창이 나타납니다.** 벨소리의 음량을 좌우로 조절하면 설정한 음량으로 벨소리가 재생됩니다.

▶ 캡처하기

[음량] 버튼 아래쪽(–)과 [전원] 버튼을 동시에 누릅니다. '찰칵' 소리나 진동이 울리며 스마트폰의 현재 화면이 캡처됩니다. 화면 하단에 툴바가 나타나고 동그라미 부분을 터치하면 캡처 화면을 확인할 수 있습니다.

① 동시에 터치

② 터치

캡처 툴바 메뉴

• **편집()** : 캡처한 이미지를 원하는 부분만 자르거나 글씨를 써넣는 등 편집할 수 있습니다.
• **공유(◁)** : 캡처한 이미지를 메시지로 발송하거나 SNS를 이용하여 타인과 공유할 수 있습니다.

▶ 갤러리에 저장된 이미지 확인하기

[뒤로 가기]를 터치하고 **[홈]을 터치해 홈 화면으로 이동**합니다. 캡처된 이미지는 [갤러리(✳)] 앱의 '스크린샷' 폴더에서 확인할 수 있습니다.

터치

▶ 긴 화면 캡처하기

01 한 화면에 담기지 않는 긴 내용을 캡처하는 경우입니다. **캡처 버튼을 누르면** 화면에 캡처 툴바 버튼이 나타납니다.

02 **[스크롤 캡처(⊡)] 버튼을 터치**하면 화면이 아래로 이동해 연속해서 캡처되는 것을 확인할 수 있습니다. **원하는 영역만큼 버튼을 터치하고 미리보기 화면을 터치**하면 캡처한 사진을 스크롤하여 확인할 수 있습니다.

1 미디어 음량을 두 가지 방법으로 조절해봅니다.

힌트 [음량] 버튼으로 [음량] 창을 여는 방법과 [설정] 앱을 실행하는 방법 두 가지가 있습니다.

2 네이버 앱을 실행하여 긴 화면으로 캡처해봅니다.

02 카카오톡 – 기본 설정

학습 포인트

- Play 스토어 앱 익히기
- 카카오톡 설치하기
- 카카오톡 프로필 만들기
- 즐겨찾기 추가하기
- 친구 숨김 및 차단하기

스마트폰의 다양한 기능을 이용하려면 해당 기능을 제공해주는 앱이 있어야 합니다. 동영상이 보고 싶으면 유튜브 앱을 설치하고 지인과 대화를 나누고 싶으면 카카오톡 앱을 설치하는 식입니다. 필요한 앱을 어떤 방법으로 설치하는지를 배우고 그중 국민 메신저인 카카오톡 앱을 설치하여 기본 기능을 설정해보겠습니다.

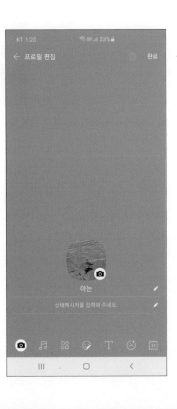

Step 01   Play 스토어란?

- Play 스토어는 안드로이드 폰에서 앱이나 게임, 영화, 도서 등의 콘텐츠를 무료 또는 유료로 이용할 수 있도록 도와주는 프로그램입니다. 즉, 필요한 앱을 이곳에서 다운받아 스마트폰에 설치할 수 있습니다. 기본으로 제공되는 앱이기 때문에 앱스 화면으로 이동하면 쉽게 찾을 수 있습니다. 아이콘을 터치하면 Play 스토어의 첫 화면이 나타납니다. [게임], [앱], [영화], [도서]로 카테고리가 분류되어 있어 원하는 콘텐츠에 맞게 터치하여 이동하면 됩니다.

- [앱] 카테고리를 터치하면 다양한 앱이 소개된 화면이 나타납니다. 앱 검색과 설치 과정은 다음 장에서 좀 더 자세히 살펴보겠습니다.

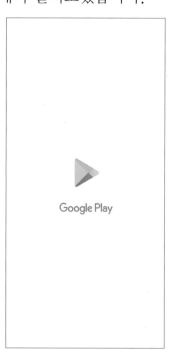

- '앱 및 게임을 검색하세요'라고 적힌 **검색창을 터치합니다. '카카오톡'을 입력하고** 🔍 **를 터치**합니다.

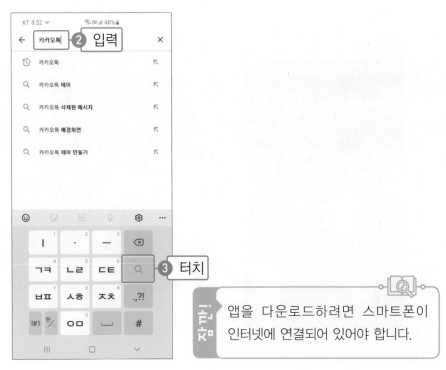

앱을 다운로드하려면 스마트폰이 인터넷에 연결되어 있어야 합니다.

- 카카오톡이 검색되면 **카카오톡 앱을 터치**합니다. 앱의 정보를 살펴보고 **[설치] 버튼을 터치**합니다. 설치가 완료되면 **[열기] 버튼을 터치해 카카오톡을 실행**합니다.

카카오톡 설치가 완료되면 홈 화면에서 앱스 버튼을 누르거나 스크롤해 앱스 화면을 열어줍니다. 이 앱스 화면에는 스마트폰에 설치된 모든 앱과 새로 설치하는 앱이 저장되는 곳입니다. 카카오톡 아이콘을 찾아 터치합니다.

앱스 화면은 홈 화면 뒤에 숨어 있어서 따로 화면을 불러오지 않으면 볼 수 없습니다. 그렇지만 스마트폰의 주요 앱이 저장된 곳이니 적절하게 관리하면 몇 배로 더 편하게 앱을 사용할 수 있습니다.

●●●●
Step 01 | 계정 만들기

01 카카오톡 이용 안내 화면에서 [허용하기] 버튼을 터치합니다. 이어서 권한 허용 창이 나타나면 **모두 [허용]을 터치**합니다.

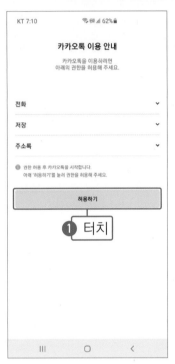

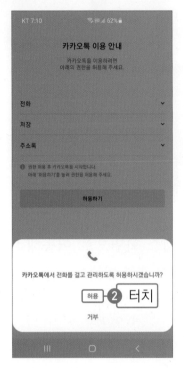

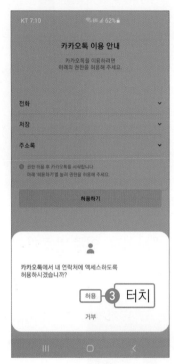

02 카카오톡 시작 화면이 나타나면 [새로운 카카오계정 만들기] 버튼을 터치합니다. 이용약관 화면에서 [필수] 항목만 선택하고 [동의하고 계속 진행합니다] 버튼을 터치합니다.

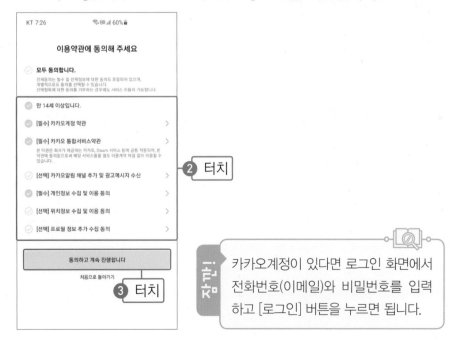

카카오계정이 있다면 로그인 화면에서 전화번호(이메일)와 비밀번호를 입력하고 [로그인] 버튼을 누르면 됩니다.

03 전화번호를 입력하고 [확인] 버튼을 터치합니다. 전화번호 인증 창이 나타나면 **번호를 확인하고 [확인]을 터치**합니다.

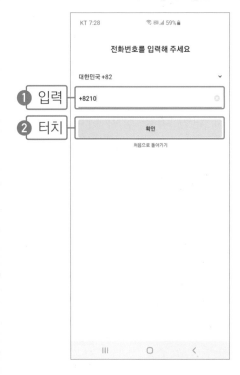

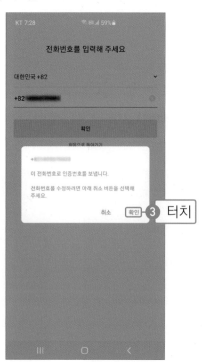

04 문자 메시지로 인증번호가 오면 앱스 화면으로 이동해 [**메시지(💬)] 앱을 터치**합니다. 인증번호를 확인하고 **다시 [카카오톡] 앱을 실행**합니다.

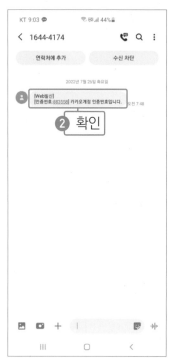

05 인증번호를 입력하고 [확인] 버튼을 터치합니다. 새로운 계정의 비밀번호를 입력한 후 [확인] 버튼을 터치합니다.

 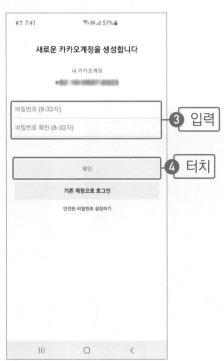

06 이름, 생일, 성별을 입력하고 [확인] 버튼을 터치합니다. 프로필 사진 등록 요청 창이 나타나면 [기본 이미지로 설정]을 터치합니다. 이메일 등록은 필수가 아니므로 [나중에 하기] 버튼을 터치해 가입을 완료합니다.

참고 기본으로 [주소록 친구 자동 추가] 기능은 내 스마트폰에 저장된 연락처에서 카카오톡 사용자들을 자동으로 추가해줍니다.

01 화면 상단의 [내 프로필]을 터치합니다. 내 프로필 화면이 나타나면 [프로필 편집]을 터치합니다. 프로필 사진을 등록하기 위해 ⓞ를 터치합니다.

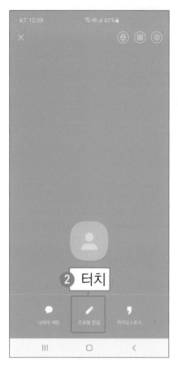

02 프로필 사진 창이 나타나면 [앨범에서 사진/동영상 선택]을 터치합니다. 사진 앨범에서 등록할 이미지를 터치하고 [확인]을 터치합니다.

프로필 이미지에 다양한 변화를 주고 싶다면 프로필 이미지 편집 화면에서 다음 기능들을 사용해 꾸며봅니다.

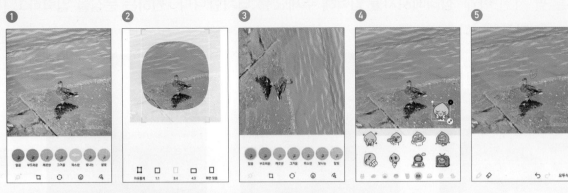

① **필터(❋)** : 이미지에 다양한 색감 변화를 줄 수 있습니다.

② **자르기(ㅁ)** : 다양한 비율로 이미지를 자를 수 있습니다.

③ **회전(↻)** : 90도 간격으로 이미지를 회전할 수 있습니다.

④ **스티커(☺)** : 이미지에 스티커를 적용해 꾸밀 수 있습니다.

⑤ **그리기(✍)** : 이미지에 손글씨나 손그림을 그려 넣을 수 있습니다.

03 프로필 배경을 등록하기 위해 📷를 **터치**합니다. 배경 사진 창이 나타나면 **[앨범에서 사진/동영상 선택]**을 **터치**합니다. 사진 앨범에서 배경으로 등록할 이미지를 **터치**합니다.

카카오톡에서 프로필은 이미지나 글을 통해 사용자가 자신의 정보나 기분, 상황을 표현하는 기능입니다.

04 배경 이미지 편집 화면이 나타나면 **[확인]**을 **터치**합니다. 상태메시지 등록을 위해 프로필 사진 아래 **'상태메시지를 입력해 주세요'**를 **터치**합니다. **원하는 문장을 입력**하고 **[확인]을 터치**합니다.

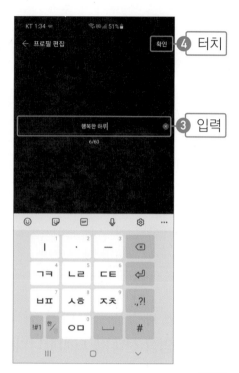

프로필 이미지처럼 배경 이미지의 편집 창에서도 필터, 자르기, 회전, 스티커 기능들을 사용할 수 있습니다.

05 프로필과 배경, 상태메시지가 모두 바뀌었습니다. **[완료]**를 **터치**하면 프로필이 모두 적용된 화면을 볼 수 있습니다. ✕**를 터치**해 [친구] 탭으로 돌아와 **내 프로필을 확인**합니다.

01 [내 멀티프로필]의 ⊕을 **터치**합니다. 프로필 사진을 등록하기 위해 프로필 편집 화면에서 ◎를 **터치**합니다.

멀티프로필은 가족, 친구, 회사 등 사용자가 속한 집단의 성격에 따라 각기 다른 프로필을 노출하는 기능입니다. 하단의 [더보기] 탭에서 [지갑]을 터치해 인증서를 발급받은 후 사용 가능합니다.

02 이번에는 커스텀 프로필로 등록해 보겠습니다. 프로필 사진 창에서 **[커스텀 프로필 만들기]를 터치**합니다. 커스텀 프로필 만들기 화면이 나타나면 하단의 **캐릭터 스티커 하나를 선택**합니다.

> **잠깐만!** 카카오톡에서 제공하는 커스텀 프로필은 캐릭터 스티커 위로 원하는 글자를 입력해 나만의 프로필을 만드는 기능입니다.

03 **[색상] 탭을 터치**해 배경색을 고르고 **[폰트] 탭에서 원하는 서체를 터치**합니다. 텍스트입력란에 **텍스트를 입력**하고 **[확인]을 터치**합니다.

04 배경 사진과 이름, 상태메시지 **모두 Step 02와 동일한 방법으로 변경**해주고 **[완료]**를 터치합니다.

05 멀티프로필이 적용된 화면이 나타나면 **[친구 관리]**를 터치합니다. 프로필 친구 관리 화면에서 **[지정친구 추가]** 버튼을 터치합니다.

06 해당 **프로필을 노출하고 싶은 친구를 선택한 후 [확인]을 터치**합니다. 프로필 친구 관리 화면에서 선택한 친구를 확인하고 ←를 **터치**하면 편집이 완료됩니다.

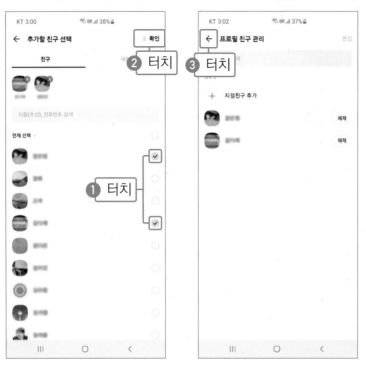

👉 ① 멀티프로필 친구 지정을 해제하고 싶다면 [친구] 탭에서 편집할 멀티프로필을 터치하고 [친구 관리]를 터치합니다.

② 프로필 친구 관리 화면에서 해제할 친구의 [해제] 버튼을 터치하고 지정친구 해제 창에서 [확인]을 터치합니다.

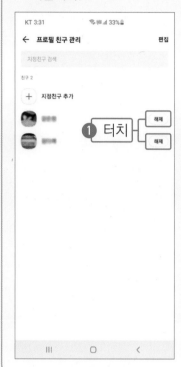 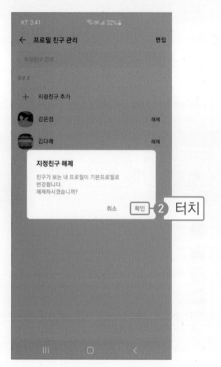

Step 04 즐겨찾기 추가

01 [친구] 탭에서 즐겨찾기 하고 싶은 **친구 이름을 길게 터치**합니다.

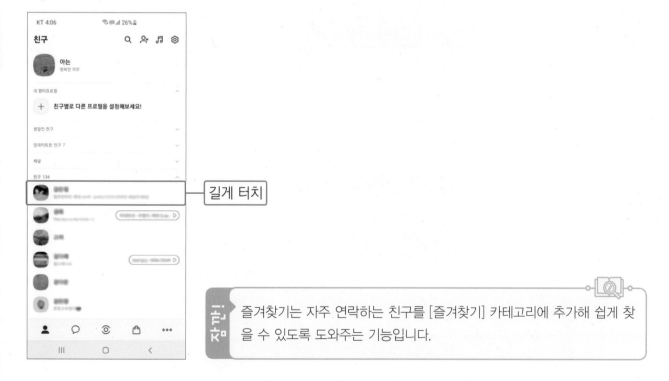

잠깐만 즐겨찾기는 자주 연락하는 친구를 [즐겨찾기] 카테고리에 추가해 쉽게 찾을 수 있도록 도와주는 기능입니다.

02 프로필 메뉴 창에서 **[즐겨찾기에 추가]를 터치**합니다. 즐겨찾기 카테고리에 친구의 프로필이 추가된 모습을 확인할 수 있습니다.

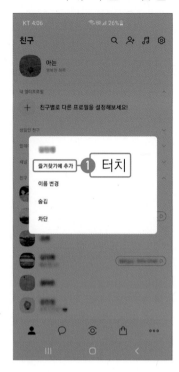

03 즐겨찾기를 해제하고 싶은 경우 **해당 친구의 이름을 길게 터치**한 후 **프로필 메뉴 창에서 [즐겨찾기 해제]를 터치**합니다.

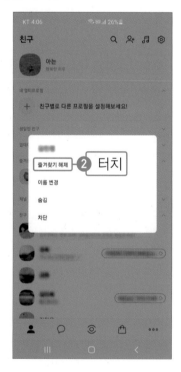

친구의 프로필 화면에서도 즐겨찾기를 추가할 수 있습니다. 즐겨찾기 하고 싶은 친구의 이름을 터치해 프로필 화면을 띄우고 ⭐를 터치합니다.

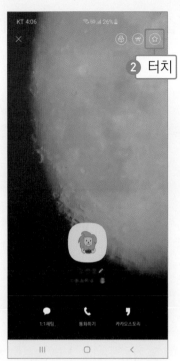

⭐이 노랗게 변했다면 즐겨찾기에 성공적으로 추가된 것입니다. 해제하려면 다시 ⭐을 터치합니다.

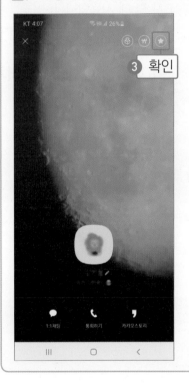
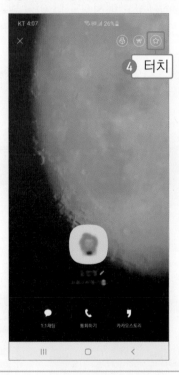

01 친구 숨김 기능을 살펴보겠습니다. **[친구]** 탭에서 숨기고 싶은 친구 이름을 길게 터치합니다.

길게 터치

> 친구 숨김과 차단은 친구 목록의 정리가 필요할 때 사용하는 기능입니다. 숨김은 친구 목록에서 보이지 않게 할 때 사용하며, 차단은 친구 목록에서 삭제하고 메시지도 더 이상 받지 않고자 할 때 사용합니다.

02 프로필 메뉴 창에서 **[숨김]**을 터치합니다. 목록에서 숨김 창이 나타나면 **[확인]**을 터치합니다.

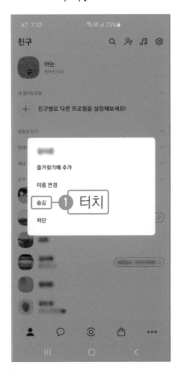

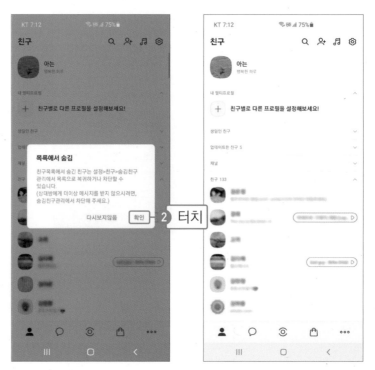

03 숨김을 해제하고 싶다면 [친구] 탭의 ⚙을 터치하고 [친구 관리]를 터치합니다. 친구 설정 화면에서 [친구 관리] 카테고리의 [숨김친구 관리]를 터치합니다.

04 숨김친구 관리 화면에서 **해제하고 싶은 친구의 [관리] 버튼을 터치**합니다. 숨김친구 관리 창이 나타나면 [친구목록으로 복귀]를 터치합니다.

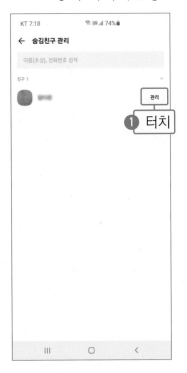

05 친구차단 기능을 살펴보겠습니다. [친구] 탭에서 차단하고 싶은 친구의 이름을 길게 터치합니다. **프로필 메뉴 창에서 [차단]을 터치**합니다. 차단 창이 나타나면 **[확인]을 터치**합니다.

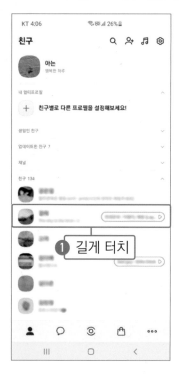 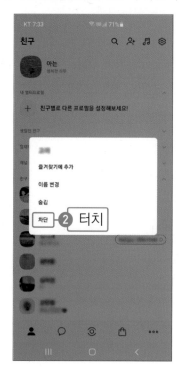 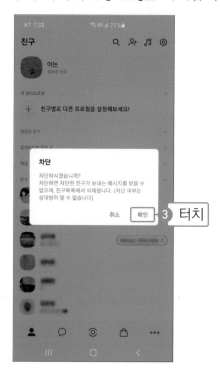

06 차단을 해제하고 싶다면 [친구] 탭의 ⚙을 터치하고 [친구 관리]를 터치합니다. 친구 설정 화면에서 [친구 관리] 카테고리의 [차단친구 관리]를 터치합니다.

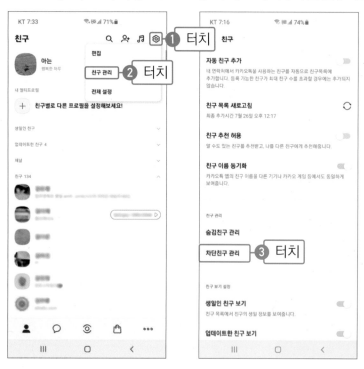

07 차단친구 관리 화면에서 **차단한 친구의 [관리] 버튼을 터치**합니다. 차단 관리 창이 나타나면 **[차단 해제]를 선택**하고 [확인]을 터치합니다.

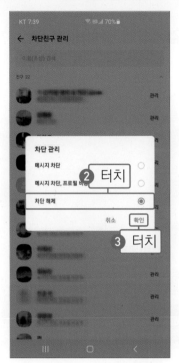

숨김 기능과 다른 차단 기능의 메뉴 창을 살펴보겠습니다.

- **메시지 차단** : 차단했을 때 기본 설정되는 메뉴로 상대방에게 메시지를 받거나 보낼 수 없습니다.
- **메시지 차단 · 프로필 비공개** : 메시지 차단과 함께 상대방이 나의 프로필도 확인할 수 없습니다.
- **차단 해제** : 확인 창이 한 번 더 뜨며 [친구 추가] 버튼을 터치하면 다시 친구 목록에 추가됩니다.

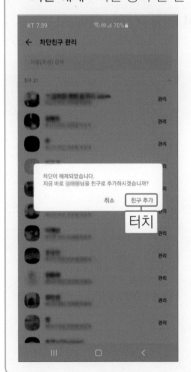

실력 다지기

1 Play 스토어에서 다음 앱들을 검색하여 설치해봅니다.

- 카카오 T(📱)
- 카카오맵(📍)
- 카카오 버스(Ⓑ)
- 카카오 지하철(Ⓜ)

2 가족, 동창 등의 그룹에 적용할 멀티프로필을 2개 이상 만들어봅니다.

카카오톡 - 채팅하기(1:1)

학습 포인트

- 채팅 탭과 채팅방 익히기
- 채팅방 만들기
- 친구와 대화하기
- 이모티콘 사용하기
- 대화 내용 삭제하기
- 대화 내용 찾기

스마트폰에는 메시지 앱이 기본으로 제공되지만 문자의 길이나 용량에 제한이 있고 때에 따라 비용이 청구됩니다. 카카오톡은 데이터 사용만으로 국내외 어디에서나 친구와 연락할 수 있고 다양한 이모티콘으로 손쉽게 대화할 수 있습니다. 또 선물이나 송금하기 기능을 간편하게 이용할 수 있는 장점이 있습니다. 국민 메신저 카카오톡의 주된 기능인 채팅하기 기능을 배워보겠습니다.

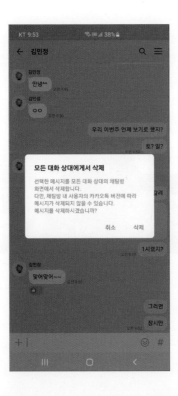

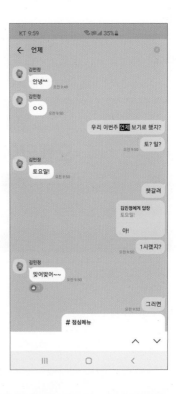

Step 01 채팅 탭 익히기

- 화면 하단의 [채팅] 탭을 터치해 채팅하기의 기능을 자세히 살펴보겠습니다.
- [채팅] 탭을 터치하면 나와 대화한 친구들의 채팅방 목록이 보입니다. 가장 최근에 대화한 친구가 목록의 맨 위에 위치하며 시간 순서대로 정렬됩니다.

카카오톡 채팅은 온라인으로 연결된 곳이라면 전 세계 어디서든 무료입니다. 1:1 채팅, 그룹 채팅 등을 이용하여 소중한 사람들과 대화를 나눠보세요.

• [채팅] 탭의 메뉴 중 채팅 기능과 관련된 기능을 살펴보겠습니다.

	검색 기능으로 검색어를 입력하면 채팅방과 친구 목록 등에서 검색어에 해당되는 결과물을 찾아 보여줍니다.  
	채팅방을 만들 수 있는 기능으로 일반채팅/비밀채팅/오픈채팅 중에서 목적에 맞는 채팅방을 선택할 수 있습니다. 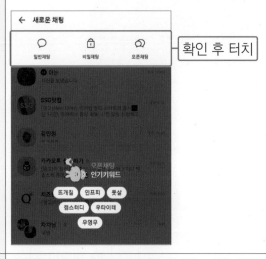
	채팅방 설정 기능입니다. [편집]은 정리하고 싶은 채팅방을 선택해 나갈 수 있으며, [정렬]은 시간 순서대로 정렬(최신 순)된 채팅방을 [안 읽은 순], [즐겨찾기 순]으로 정렬해줍니다.   

채팅방에는 날짜가 바뀔 때마다 대화 날짜가 표시되며 상대의 이름과 프로필 사진이 흰색 말풍선과 함께 좌측에 위치합니다. 화자는 노란 말풍선으로 우측에 위치하며, 모든 말풍선 앞에는 대화 시각이 표시됩니다.

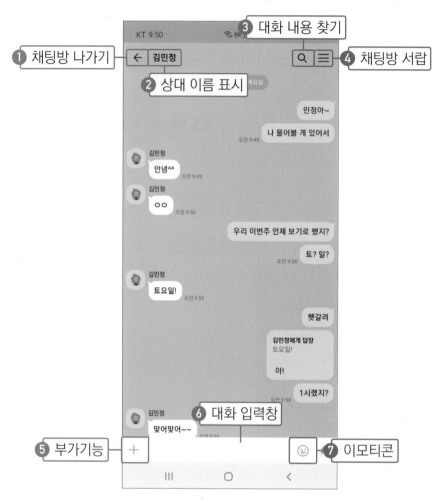

① **채팅방 나가기** : 채팅을 종료하고 나갑니다.

② **상대 이름 표시** : 채팅 중인 상대의 이름이 표시됩니다.

③ **대화 내용 찾기** : 지난 대화 내용을 검색어로 찾을 수 있습니다.

④ **채팅방 서랍** : 친구와 채팅방에서 주고받은 사진이나 동영상, 링크를 한곳에 모아 정리할 수 있습니다.

⑤ **부가기능** : 채팅 이외의 송금, 사진, 연락처 보내기 등의 다양한 기능을 사용할 수 있습니다.

⑥ **대화 입력창** : 채팅 내용을 입력할 수 있습니다.

⑦ **이모티콘** : 캐릭터와 아이콘과 같은 그림을 통해 감정을 표현할 수 있습니다.

Step 01 | 1:1 채팅방 만들기

01 1:1 채팅을 하는 방법에는 두 가지가 있습니다. 먼저, [친구] 탭에서 채팅방을 만드는 방법을 알아보겠습니다. **친구 목록에서 대화하고 싶은 친구의 프로필을 터치**합니다. 친구의 프로필 화면이 나타나면 **[1:1 채팅]을 터치**합니다.

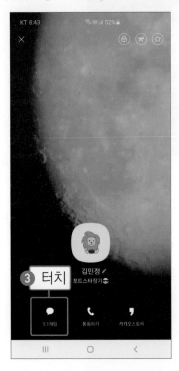

 대화 입력창 앞의 ⊞을 터치하면 사진, 동영상을 보낼 수 있고 카메라로 직접 찍은 사진도 전송할 수 있습니다. 또한 선물하기를 터치해 유료로 선물을 구입해 보낼 수 있고 보이스톡(무료음성통화), 페이스톡(무료영상통화)으로 상대방과 통화할 수도 있습니다. 관련 내용은 Chapter 6을 참고하세요.

02 이번에는 [채팅] 탭에서 채팅방을 만드는 방법을 알아보겠습니다. **[채팅] 탭의 ☉+를 터치**합니다. 새로운 채팅 화면이 나오면 **[일반채팅]을 터치**합니다.

03 대화상대 초대 화면에서 **대화하고 싶은 친구를 선택**하고 **[확인] 버튼을 터치**합니다. 새로운 채팅방이 만들진 걸 확인할 수 있습니다.

01 채팅방의 대화 입력창을 터치합니다. 친구에게 보낼 **메시지를 입력**하고 ▶ 버튼을 터치합니다.

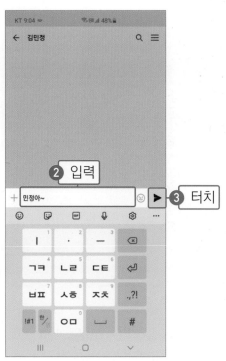

02 채팅방에 대화가 나타납니다. 말풍선 옆의 노란색 숫자 '1'은 상대방이 대화를 확인하지 않았을 때 표시되고 확인하면 사라집니다.

03 상대방의 지나간 대화에 답장 하려면 **해당 말풍선을 좌측으로 스크롤**합니다. 대화 입력 창에 답장 창이 나타납니다. **답장을 입력하고 ▶를 터치**합니다.

 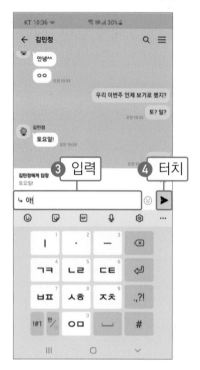 

스크롤이 어렵다면 답장하고 싶은 말풍선을 길게 터치합니다. 메뉴 창에서 [답장]을 선택해 텍스트를 입력 해도 되고 메시지에 대답하기 애매한 경우 읽었다는 반응을 하기 위해 메뉴 창 맨 위의 이모티콘을 사용 하기도 합니다.

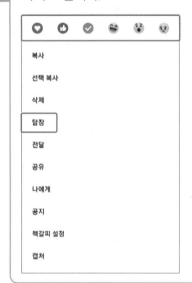 

이모티콘 사용하기

대화 입력창에 😊 을 **터치**합니다. 보내고 싶은 **이모티콘을 선택**한 후 ▶를 **터치**하여 전송합니다.

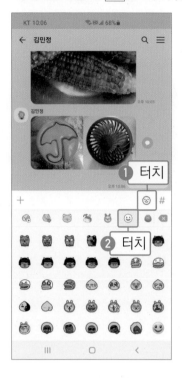
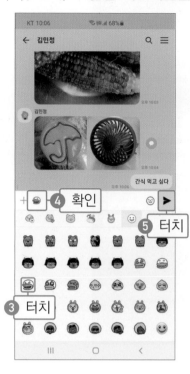

대화 내용 삭제하기

01 삭제하고 싶은 대화를 길게 터치한 후 **메뉴 창에서 [삭제]를 터치**합니다.

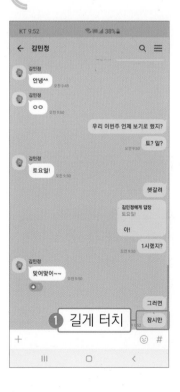
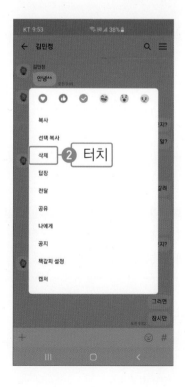

> 잠깐! 대화 내용 삭제하기는 잘못 보냈거나 불필요한 대화를 채팅방에 남기지 않고 지우는 기능입니다.

02 상대방이 메시지를 확인하기 전이라면 삭제 창에 두 가지 옵션이 나옵니다. **[모든 대화 상대에게서 삭제]**를 선택하고 **[확인]**을 **터치**합니다. 삭제 확인 창이 나타나면 한번더 **[삭제]**를 **터치**합니다.

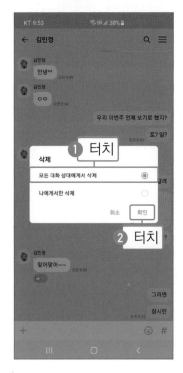 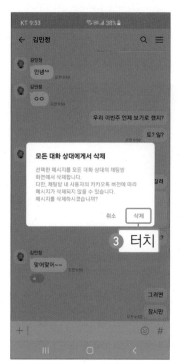

03 대화 내용은 삭제되고 메시지가 있던 자리에 **'삭제된 메시지입니다'**라는 문구가 남게 됩니다. 상대방에게도 동일한 문구가 보입니다.

[모든 대화 상대에게서 삭제] 기능은 상대방이 메시지를 확인하기 전과 메시지 발송 후 5분 이내에만 사용할 수 있습니다. 5분이 지나면 '나에게서만 삭제' 기능만 사용 가능합니다.

04 이번에는 [나에게만 삭제] 기능을 알아보겠습니다. **삭제하고 싶은 말풍선을 길게 터치한 후 메뉴 창에서 [삭제]를 터치합니다. 삭제 창에서 [나에게서만 삭제]를 선택하고 [확인]을 터치**합니다.

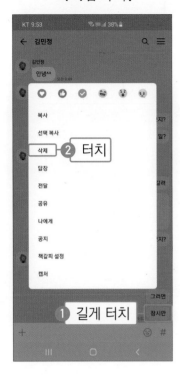
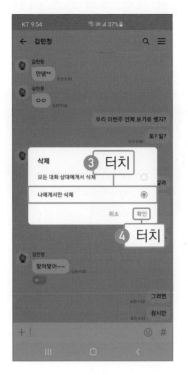

05 [나에게서만 삭제]는 말풍선을 다중 선택할 수 있습니다. **삭제하고 싶은 대화들을 선택한 후 [삭제하기] 버튼을 터치합니다. 나에게서만 삭제 창에서 [삭제]를 터치**합니다. 선택한 대화들이 채팅방에서 삭제된 걸 확인할 수 있습니다.

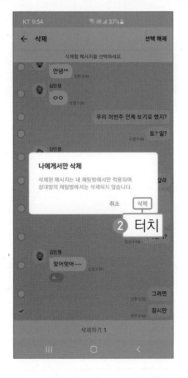
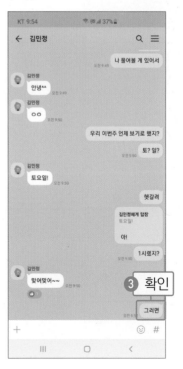

[나에게서만 삭제] 기능은 상대의 채팅방에는 내용이 그대로 남아 있습니다.

01 채팅방 상단의 🔍를 **터치**합니다. 대화 내용 검색 창을 터치합니다.

02 검색어를 입력한 뒤 **키보드의** 🔍를 **터치**합니다.

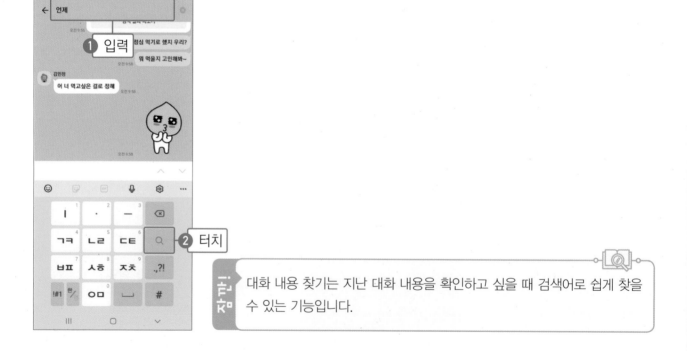

대화 내용 찾기는 지난 대화 내용을 확인하고 싶을 때 검색어로 쉽게 찾을 수 있는 기능입니다.

03 검색어를 포함한 가장 최근의 대화로 이동합니다. 검색어는 음영 처리되어 보이고 ∧를 터치하면 더 오래전의 검색어 대화로, ∨를 터치하면 최근의 검색어 대화로 이동합니다. 기능을 끝내려면 ✕를 터치합니다.

검색어가 기억나지 않을 때는 대화 날짜로 검색할 수 있습니다. 채팅방 상단의 🔍를 터치합니다. 대화 내용 검색란의 🗓을 터치합니다. 달력에 대화한 날짜들이 짙은 색으로 표시되어 있습니다. 원하는 날짜를 선택하고 [확인]을 터치하면 해당 날짜의 대화로 이동합니다.

1 채팅방에서 답장하기 기능 중 두 가지 방법을 각각 사용하여 연습해봅니다.

 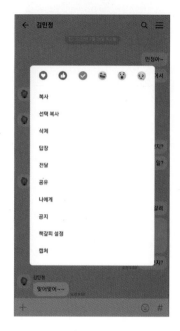

> **힌트** 스크롤 동작으로 답장하는 방법과 메뉴 창을 여는 방법 두 가지가 있습니다.

자주 대화하는 친구와의 채팅방에서 한 달 전에 어떤 대화를 나누었는지 확인해 봅니다.

2

> **힌트** 대화 내용 찾기 중에서 달력을 이용하는 방법이 있습니다.

04 카카오톡 - 채팅하기(그룹)

학습 포인트

- 그룹 및 오픈채팅방 만들기
- 친구 초대하기
- 투표 개설하기
- 사다리게임 사용하기
- 채팅방 상단 고정하기
- 친구 즐겨찾기 지정하기
- 채팅방 나가기

카카오톡 채팅하기에는 1:1 대화뿐만 아니라 다수의 사람과 동시에 대화하는 기능도 있습니다. 어떤 대화 상대와 채팅을 하느냐에 따라 두 종류로 나뉩니다. 등록된 친구 목록에서 친구들을 초대해 대화하는 '그룹 채팅'과 불특정의 상대와 대화하는 '오픈채팅'이 있습니다. 더 많은 대화 상대와 채팅하는 방법을 배워보겠습니다.

    미리보기

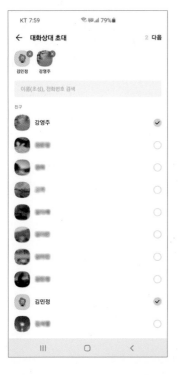

Step 01 그룹 채팅방 만들기

- 그룹 채팅은 친구 목록 내에서 동창, 동호회 등 그룹별로 여러 명을 한데 모아 채팅방을 만들어 대화하는 방식입니다. 일명 단체 대화방이라는 뜻으로 '단톡방'이라고 부르기도 합니다.

- 그룹 채팅방을 만들어보겠습니다. **[채팅] 탭을 열어 우측 상단의 ⟳ 을 터치**합니다. 새로운 채팅 창이 나오면 **[일반채팅]을 터치**합니다.

- 대화하고 싶은 친구들을 모두 **선택**하고 **[다음]을 터치**합니다. [그룹채팅방 정보 설정]에서 **채팅방 이름을 입력한 후 [확인]을 터치**하면 그룹 채팅방이 만들어집니다(채팅방 이름을 만들지 않고 바로 [확인]을 터치해도 됩니다).

그룹 채팅방의 구성과 기능은 1:1 채팅과 동일합니다. 다만, 말풍선 옆의 숫자는 채팅방의 인원수대로 나타나며 한 사람씩 읽을 때마다 숫자가 줄어듭니다.

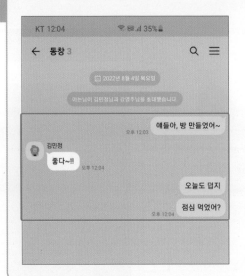 

Step 02 오픈채팅방 만들기

• 오픈채팅은 대화 목적이나 관심사 등이 같은 불특정한 대화 상대와 채팅방을 만들어 대화하는 방식입니다. **[채팅] 탭**의 ⊕을 **터치**합니다. 새로운 채팅 화면에서 **[오픈채팅]을 터치**합니다.

커스텀 프로필을 만들어 개인 정보를 노출하지 않을 수도 있습니다.

- **[카카오톡 오픈채팅] 탭에서 [+만들기] 버튼을 터치**합니다. 오픈채팅 만들기 창이 나타나면 **[그룹 채팅방]을 터치**합니다. **그룹 채팅방 만들기 화면에서 방 이름을 입력**하고 **옵션들을 설정**한 후 **[완료]를 터치**합니다.

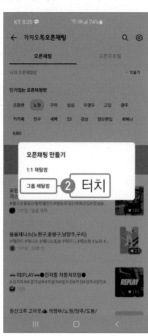

오픈채팅방의 설정을 알아보겠습니다.

1. **해시태그** : 채팅방을 더 자세히 설명할 해시태그를 입력합니다(예 : #서울 #50대 등).
2. **프로필 설정** : 기본프로필을 그대로 사용하거나 커스텀 프로필을 만들어 사용할 수 있습니다.
3. **기본프로필 참여 허용** : 채팅방에 참여하는 모든 사람이 기본프로필로만 사용하도록 제한합니다.
4. **검색 허용** : 오픈채팅을 이용하는 사람들이 채팅방 이름이나 해시태그에 해당하는 검색어를 입력했을 때 노출되도록 합니다.
5. **채팅방 입장 조건** : 오픈채팅 중 1:1 채팅방에는 적용되지 않고 그룹 채팅방에만 적용됩니다. 성별이나 나이에 제한을 두어 인증된 사람만 입장하게 할 수 있습니다.
6. **커버 미리보기** : 오픈채팅방의 정보가 다른 사용자에게 어떻게 보이는지 미리 확인할 수 있습니다.

Step 01 친구 초대하기

01 그룹 채팅방에 친구를 초대해보겠습니다. **채팅방 상단의 ☰를 터치**합니다. 채팅방 서랍 화면에서 **[대화상대 초대]를 터치**합니다.

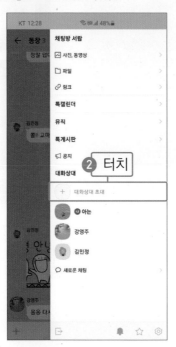

02 **대화상대 초대 화면에서 초대하고 싶은 친구를 선택하고 [확인]을 터치**합니다. 채팅방에 초대 문구가 보이고 대화를 하면 초대된 친구와도 자연스레 이야기를 나눌 수 있습니다.

03 오픈채팅방에 친구를 초대해보겠습니다. **[공유하기]를 터치**합니다. **링크 공유 창이 나타 나면 [공유]를 터치**합니다.

링크 공유 창에서 [링크 복사]를 선택하면 스마트폰 복사 기능에 링크가 저장됩니다. 초대하고 싶은 친구의 채팅방을 터치해 대화 입력창을 길게 터치합니다. [붙여넣기]를 터치하고 링크가 입력되면 ▶을 터치합니다.

04 링크 선택 창에서 카카오톡 아이콘을 터치합니다. **공유하고 싶은 친구 혹은 채팅방을 선**
택한 후 [확인]을 터치합니다. 채팅방에 오픈채팅방의 링크가 공유되었습니다.

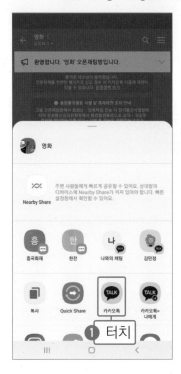  

Step 02 그룹 채팅방 부가 기능-투표

01 화면 상단의 ☰을 터치합니다. 채팅방 서랍 화면에서 [투표]를 터치합니다.

 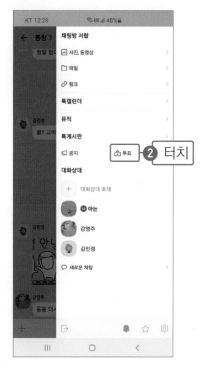

02 [투표] 탭에서 **[투표 올리기]** 버튼 또는 🖉을 **터치**합니다. **투표 제목과 항목을 입력하고 옵션을 선택**한 후 **[완료]를 터치**합니다. 진행 중인 투표를 확인하고 ←을 **터치**합니다.

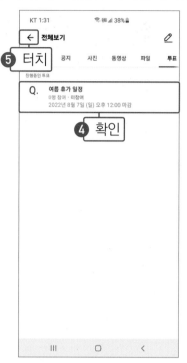

투표 개설 옵션

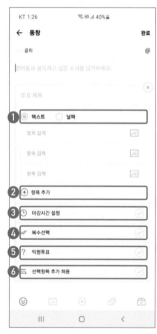

① **항목** : 항목 내용이 날짜라면 달력을 이용해 더 편하게 입력할 수 있습니다.

② **항목 추가** : 항목 개수가 더 필요할 때 추가로 늘릴 수 있습니다.

③ **마감시간 설정** : 투표 마감을 정합니다. 날짜와 시간을 지정할 수 있습니다.

④ **복수선택** : 투표 시 복수선택이 가능하게 합니다.

⑤ **익명투표** : 투표 시 익명투표로 진행할 수 있습니다.

⑥ **선택항목 추가 허용** : 투표자가 선택항목을 추가할 수 있게 합니다.

03 그룹 채팅방에 투표가 개설되었습니다. [투표하러 가기]를 터치하면 투표 현황을 확인할 수 있고 투표도 할 수 있습니다. **원하는 항목을 선택하고 [투표하기] 버튼을 터치**합니다.

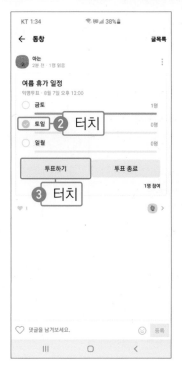

04 투표가 종료되면 채팅방에 투표 종료 알림과 함께 결과가 나타납니다.

01 그룹 채팅방 하단의 대화 입력창에서 #을 터치합니다. '사다리게임'을 입력하고 Q을 터치합니다.

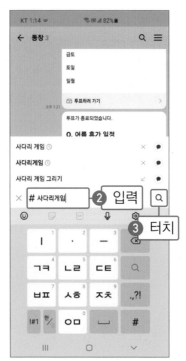

02 게임 설정 화면이 나타나면 - / + 버튼으로 내기에 참가할 인원을 설정합니다.

03 [직접 내기 입력]을 터치합니다. 각 빈칸에 내기를 입력하고 [공유하기] 버튼을 터치합니다.

04 채팅방에 사다리게임이 공유되었습니다. 사다리 그림을 터치하면 나의 결과를 확인할 수 있고, [전체 결과 확인하기] 버튼을 터치하면 참여자 전체의 결과를 확인할 수 있습니다.

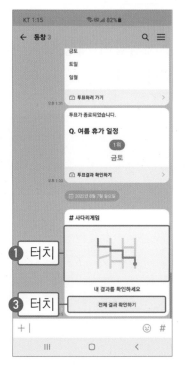

01 [채팅방 상단 고정] 기능을 알아보겠습니다. **[채팅] 탭의 채팅 목록 중 상단에 고정할 채팅방을 길게 터치**합니다.

> 채팅방 상단 고정은 자주 대화하는 채팅방을 목록의 맨 위에 위치시키는 기능입니다. 다른 채팅방에 밀려 아래로 내려가지 않고 항상 맨 위에 고정되기 때문에 대화를 놓치거나 채팅방을 힘겹게 찾을 필요가 없습니다.

02 **채팅방 메뉴 창이 나타나면 [채팅방 상단 고정]을 터치**합니다. 해당 채팅방이 채팅 목록의 맨 위로 이동하고 채팅방 이름 옆에 📌이 생긴 것을 확인할 수 있습니다.

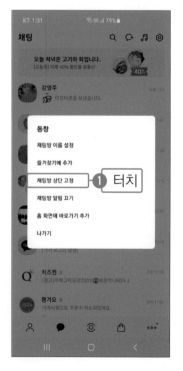

채팅방 상단 고정을 해제하려면 채팅방을 길게 터치해 채팅방 메뉴 창에서 [채팅방 상단 고정 해제]를 터치합니다. 채팅방은 원래 있던 위치로 이동하고 📍은 사라집니다.

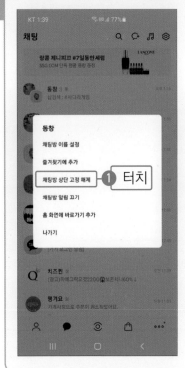

03 이번에는 [나가기(삭제)] 기능을 알아보겠습니다. [채팅] 탭의 채팅 목록에서 **삭제하고 싶은 채팅방을 길게 터치**합니다. 채팅방 설정 창에서 **[나가기]를 터치**합니다.

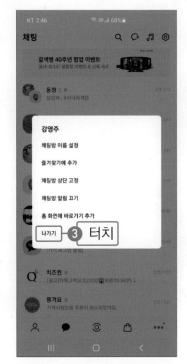

04 채팅방 나가기 창이 나타나면 **[나가기]**를 **터치**합니다.

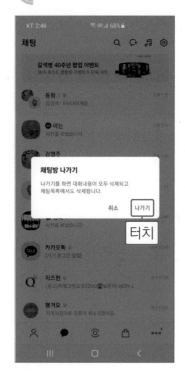

> **잠깐!** 채팅방 나가기는 선택한 채팅방의 대화 내용이 모두 삭제되고 채팅 목록에서도 삭제되는 기능입니다. 친구가 삭제되는 것은 아니기에 해당 친구와 언제든 다시 대화할 수 있습니다.

> **잠깐!** 채팅방 내에서도 나가기 기능을 사용할 수 있습니다. 채팅방 상단의 ≡을 터치합니다. 채팅방 서랍 화면이 나타나면 ⤷를 터치합니다. 채팅방 나가기 창에서 [나가기]를 터치합니다.

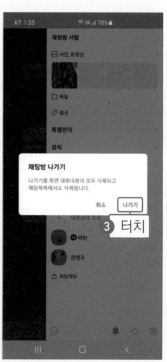

1 그룹 채팅방에서 모임 날짜를 정하는 투표를 개설해봅니다.

힌트! 항목 내용을 입력할 때 달력을 사용하면 편합니다.

2 자주 대화하는 1:1 채팅방과 그룹 채팅방을 상단에 고정해봅니다.

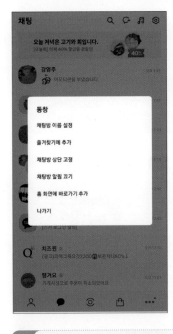

힌트! 채팅방이 채팅 목록 맨 위로 이동하고, 채팅방 이름 옆에 핀 모양의 아이콘이 생깁니다.

카카오톡 – 뷰 & 쇼핑하기

학습 포인트

- [뷰] 탭 및 [쇼핑] 탭 익히기
- 채널 구독 및 해지하기
- 구독 채널 순서 변경하기
- 채널 숨기기
- 물건 주문하기
- 친구에게 선물하기

카카오톡에는 채팅 외에 생활에 유용한 기능들이 많아 앱 하나로 다양하게 활용할 수 있습니다. 맞춤 정보를 얻을 수 있는 플랫폼인 '뷰'와 물건을 구매하거나 선물할 수 있는 '쇼핑' 메뉴가 있습니다. 각 기능별 탭을 소개하고 사용 방법에 대해 알아보겠습니다.

Step 01 [뷰] 탭 익히기

- 카카오톡의 '뷰'는 사용자가 자신의 관심사에 맞는 정보를 찾고 채널을 직접 구독할 수 있는 서비스입니다. 또한, 사용자 개인이 콘텐츠를 직접 발행할 수도 있습니다.

- 카카오톡 하단의 ◎이 [뷰] 탭입니다. 터치하면 화면에 [발견] 탭 화면이 나타납니다. [발견] 탭은 뷰 에디터의 시선이 담긴 다양한 콘텐츠를 소개하는 메뉴로 이름 그대로 콘텐츠를 '발견'하는 곳입니다. 상단의 🔍을 터치해 원하는 콘텐츠를 검색할 수도 있습니다.

- [My뷰] 탭은 구독한 채널들이 발행한 콘텐츠를 한곳에 모아볼 수 있습니다. 나의 관심사와 취향에 맞는 콘텐츠가 맞춤으로 제공된다고 생각하면 됩니다. 이곳에서는 구독한 채널들을 관리할 수도 있습니다.

카카오톡의 '쇼핑'은 카카오톡 사용자가 앱에서 간편하게 물건을 구매할 수 있는 서비스입니다. 내게 필요한 물건을 직접 쇼핑할 때는 [쇼핑하기]를 이용하며 카카오톡에 등록된 친구에게 선물을 보내고 싶을 때는 [선물하기]를 이용합니다. 자세한 사용 방법은 다음페이지 '02 실력 다듬기'에서 알아보겠습니다.

카카오톡 쇼핑하기는 🛍을 눌러 이용할 수 있으며 카카오톡 스토어 판매자의 다양한 상품을 특별한 혜택과 함께 만나볼 수 있습니다.

Step 01 채널 구독 및 해지하기

01 [발견] 탭에서 읽고 싶은 콘텐츠를 터치합니다. 새 창에서 내용 (또는 기사 링크, 링크 목록)을 확인할 수 있고 발행 채널도 표시됩니다. [야미야미, 경제] 채널 명을 터치합니다.

02 채널 화면으로 이동하면 해당 채널에서 발행한 콘텐츠를 [보드] 탭에서 모아볼 수 있습니다. 채널을 구독하고 싶다면 🗨️을 터치하고 알림 창에서 [채널추가] 버튼을 터치합니다. 채널 추가 완료 창이 나타나면 [확인] 버튼을 터치합니다.

[홈] 탭에서는 채널에 관한 기본 정보를 소개하고 [소식] 탭에서는 채널의 공지사항이나 부수적인 소식을 확인할 수 있습니다.

03 [My뷰] 탭을 터치하면 추가한 채널의 최신 콘텐츠를 확인할 수 있습니다. [친구] 탭의 친구 목록에도 **추가한 채널이 하단에 ❶ 표시와 함께 나타납니다.**

04 채널 구독을 해지하려면 **해지하고 싶은 채널에 접속해** 🔘 **을 터치**합니다. 채널 차단 창에서 [차단]을 터치하고 해지 안내 메시지를 확인한 후 [확인]을 터치합니다.

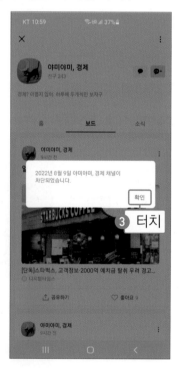

01 My뷰 화면에 노출되는 콘텐츠 순서를 변경해보겠습니다. [My뷰] 탭에서 [My뷰 관리]를 터치합니다. [추가한 채널] 탭에서 순서를 변경하고 싶은 **채널의** ☰**를 길게 터치**합니다. **채널이 활성화됩니다.**

02 **채널을 드래그하여 원하는 위치로 이동**하고 [완료]를 **터치**합니다. 채널이 편집한 대로 순서가 변경되고 정렬 기준이 편집순으로 바뀌었습니다.

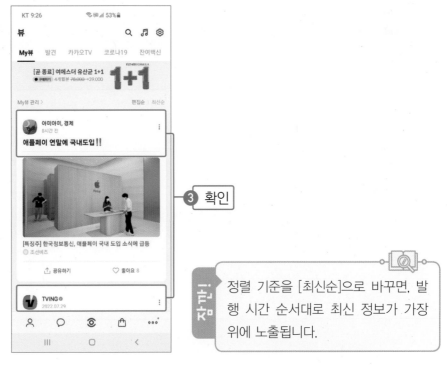

> **잠깐만**
> 정렬 기준을 [최신순]으로 바꾸면, 발행 시간 순서대로 최신 정보가 가장 위에 노출됩니다.

03 채널 소식을 숨기겠습니다. [My뷰] 탭에서 **숨기고 싶은 채널의 ⫶를 터치**합니다. **[이 채 널 My뷰에서 숨김]을 터치**합니다. My뷰에서 숨기시겠어요? 창이 나타나면 **[숨김]을 터 치**합니다.

[My뷰 관리]의 [추가한 채널] 탭에서도 [숨김] 버튼을 눌러 채널을 숨길 수 있습니다.

04 이번에는 [숨김해제] 기능을 알아보겠습니다. **[My뷰 관리]를 터치**합니다. [숨긴 채널] 탭을 터치하고 숨긴 채널의 **[숨김해제] 버튼을 터치**합니다.

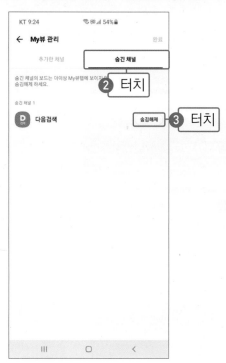

05 숨김해제 하시겠어요? 창에서 **[숨김해제]를 터치**합니다. 숨긴 채널 목록을 확인하고 **[완료]를 터치**합니다.

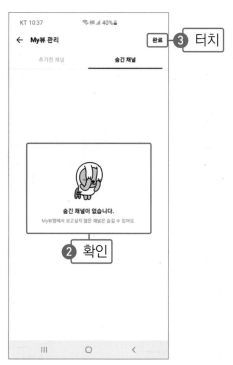

01 [쇼핑] 탭에서 [쇼핑하기]를 터치합니다. 화면을 스크롤해 상품 하나를 터치합니다.

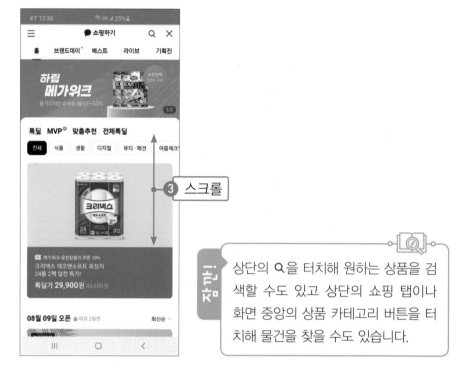

> **잠깐!** 상단의 Q을 터치해 원하는 상품을 검색할 수도 있고 상단의 쇼핑 탭이나 화면 중앙의 상품 카테고리 버튼을 터치해 물건을 찾을 수도 있습니다.

02 화면 하단의 [구매하기] 버튼을 터치하고 상품 옵션을 선택한 후 [바로구매] 버튼을 터치합니다.

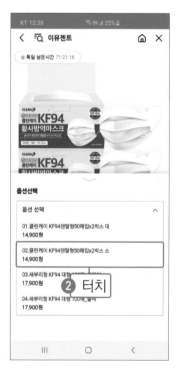

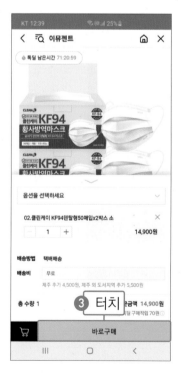

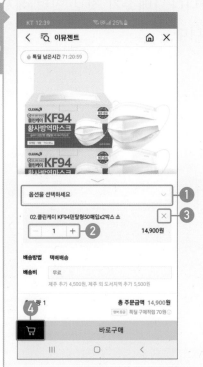

① **옵션 선택** : 다른 옵션의 물건도 함께 구매하려면 [옵션을 선택하세요]를 터치해 물건을 선택합니다.

② **수량 조절** : 같은 옵션의 물건을 여러 개 사려면 ﹣/＋ 버튼을 눌러 수량을 조절합니다.

③ **취소** : 물건을 잘못 선택했을 때 × 를 눌러 삭제합니다.

④ **장바구니** : 나중에 구매하거나 여러 물건을 한 번에 결제하려면 🛒을 터치합니다. 장바구니에 담긴 물건은 [쇼핑하기] 화면의 ☰을 터치한 뒤 🛒을 터치하면 확인할 수 있습니다.

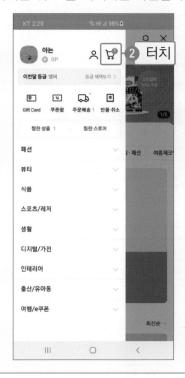

03 주문하기 화면에서 **주문상품 정보를 확인하고 스크롤**합니다. [배송지 정보 입력]에서 **수령인, 배송지, 연락처를 모두 입력**하고 아래로 스크롤합니다.

 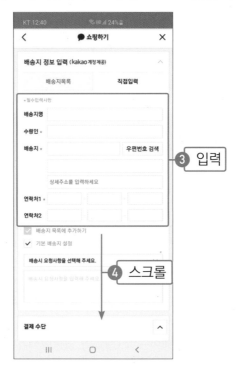

> [기본 배송지 설정]을 체크해두면 주문할 때마다 배송지 정보를 입력하지 않아도 됩니다. 자주 사용하는 배송지 정보를 입력하고 체크합니다.

04 [결제 수단]의 [빠른결제]와 [일반결제] 중에서 원하는 결제 방법을 선택합니다. 아래로 스크롤하여 [전체 동의하기]를 터치하고 [결제하기] 버튼을 터치하면 주문이 완료됩니다.

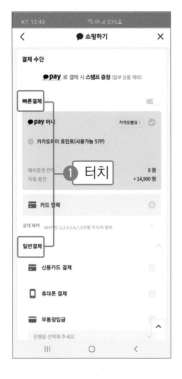 

> [빠른결제] 중에서 카카오페이 머니[(●pay 머니)]는 카카오페이와 연결된 은행 계좌에서 일정 금액을 카카오톡 전자 화폐로 충전해 사용하는 방식입니다.
>
> [빠른결제]에 신용카드 정보를 등록해두면 결제할 때 설정해둔 결제 비밀번호 6자리만 입력하면 결제가 가능해 편리합니다.

Step 04 친구에게 선물하기

01 [쇼핑] 탭에서 **[선물하기]**를 **터치**하고 선물하기 화면에서 🐻를 **터치**합니다.

02 친구 선택 화면에서 **선물할 친구를 선택하고 [확인]을 터치**합니다. 선물하기 화면에서 선물하고 싶은 상품을 선택합니다.

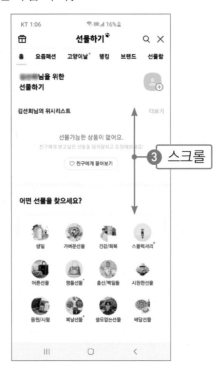

상단의 Q을 터치해 원하는 물건을 검색할 수도 있고 상단의 [쇼핑] 탭이나 상품 카테고리 버튼을 터치해 물건을 찾을 수도 있습니다.

03 화면 하단의 **[선물하기] 버튼을 터치**하고 수량 확인 후 **[선물하기] 버튼을 터치**합니다.

친구에게 선물을 여러 개 보내려면 [선물담기] 버튼을 터치합니다. 담긴 선물은 선물하기 화면의 상단 🎁을 터치하면 확인할 수 있습니다.

04 카드를 선택하고 편지를 입력합니다. **[결제 수단]**을 터치하고 **[결제하기]** 버튼을 터치합니다.

친구의 프로필에서 바로 선물하기를 할 수도 있습니다. 선물하려는 친구의 프로필을 터치하고 ⊕을 터치하면 바로 선물하기 화면으로 이동합니다.

1 [뷰]의 [발견] 탭에서 나의 관심사에 맞는 채널 2개를 구독해봅니다.

2 [쇼핑]의 쇼핑하기 화면에서 필요한 물건 두 가지 이상을 장바구니에 담아봅니다.

> 장바구니에 담긴 물건은 [쇼핑하기] 화면의 ☰을 터치하고 🛒를 터치하면 확인할 수 있습니다.

06 카카오톡 – 부가기능

학습 포인트

- 부가기능 메뉴 익히기
- 사진 보내기 및 저장하기
- 유튜브 링크 공유하기
- 채팅방 서랍에서 자료 관리하기
- 연락처 전달하기
- 정산 및 송금하기

카카오톡에는 대화를 더욱 편리하고 즐겁게 만드는 기능들이 잘 갖추어져 있습니다. 부가

기능을 이용해 사진이나 동영상 링크를 전송하여 취향이나 관심사를 직접 공유할 수 있고

또한 연락처 전달이나 송금의 기능도 손쉽게 이용할 수 있습니다. 그럼 지금부터 대화창

속에 숨은 부가기능들을 함께 살펴보겠습니다.

• 앞에서 소개한 사진이나 동영상 링크 공유하기, 연락처 전달하기, 송금하기, 이모티콘 사용하기 등의 다양한 기능은 모두 대화 입력창에 숨어 있습니다.

• 먼저, 대화 입력창 좌측에 있는 ➕를 터치합니다. 알록달록한 아이콘의 부가기능 메뉴가 나타납니다. 알아두면 편리한 주요 기능 위주로 살펴보겠습니다.

> 🔔 부가기능 메뉴 창을 닫을 때는 대화 입력창 좌측의 ☒을 터치합니다.

🖼 (앨범)	[갤러리] 앱에 저장된 사진을 보낼 수 있습니다.
📷 (카메라)	사진이나 동영상을 바로 촬영하여 보낼 수 있습니다.
🎁 (선물하기)	친구에게 선물을 보낼 수 있습니다(Chapter 05 참조).
📞 (통화하기)	인터넷을 사용하여 음성 통화(보이스톡) 또는 영상 통화(페이스톡)를 할 수 있습니다.
₩ (송금)	대화방에 있는 친구와 정산을 할 수 있고, 바로 송금(이체)하거나 송금을 요청할 수도 있습니다.
📍 (지도)	특정 장소나 현재 내 위치를 보낼 수 있습니다.
👤 (연락처)	카카오톡에 등록된 친구나 [연락처] 앱에 저장된 연락처를 보낼 수 있습니다.

Step 01 사진 보내기 및 저장하기

01 대화 입력창의 ＋을 터치합니다. 부가기능 메뉴 창에서 ⬛(앨범)을 터치합니다.

02 채팅방 하단에 [갤러리] 앱에 저장된 사진이 나타나면 **스크롤해 원하는 사진을 터치**하고
▶을 **터치**합니다.

사진을 선택하고  를 터치하면 크기 및 필터를 편집해 전송할 수 있습니다(사진 편집 메뉴의 자세한 사용방법은 29쪽 참조).

03 사진을 여러 장 보내려면 **갤러리 앱에서 보내고 싶은 사진을 모두 터치**합니다. 선택된 사진에 개수가 표시되고 ▶을 터치하면 **사진이 전송**됩니다.

사진을 더 편하게 고르려면 하단의 [전체]–[갤러리] 앱–[사진 묶어보내기]를 터치합니다. 채팅방에 여러 장의 사진이 하나의 말풍선으로 묶여 전송되고 한 번에 최대 30개까지 보낼 수 있습니다.

04 친구가 보내온 사진을 내 스마트폰에 저장해보겠습니다. **채팅방에서 친구의 사진을 터치합니다. 전체 화면이 나타나면 을 터치합니다.**

05 저장한 사진은 스마트폰 **[갤러리] 앱의 [Kakao Talk] 폴더에서 확인**할 수 있습니다.

- 사진을 터치하면 전체 화면으로 볼 수 있고 사진이 여러 장인 경우 스크롤해 다음 사진을 확인할 수 있습니다. 하단에는 미리보기 화면과 사진의 개수가 표시됩니다.
- ⬇️을 터치하면 선택 메뉴가 나옵니다. 묶음 사진을 모두 저장할 수 있고 원하는 사진만 개별 저장할 수도 있습니다.

01 유튜브 동영상 아래 **[공유]**를 **터치**합니다. 공유 창에서 **[카카오톡]** 아이콘을 **터치**합니다.

02 공유 대상 선택 화면에서 **[친구]** 또는 **[채팅]** 탭을 **터치**하고 공유 대상을 선택한 후 **[확인]**
을 **터치**합니다.

01 채팅방 상단의 ☰을 터치합니다. [채팅방 서랍]에서 [사진, 동영상]을 터치합니다.

 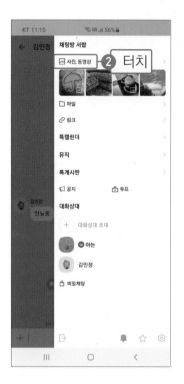

꿀팁 : [채팅방 서랍]은 친구와 채팅방에서 주고받은 사진이나 동영상, 링크를 한곳에 모아 정리할 수 있는 관리 기능입니다. [채팅방 서랍]에 자료가 많을수록 스마트폰 용량을 많이 차지하게 되니 주기적으로 정리하는 것이 좋습니다.

02 날짜별로 주고받은 사진(동영상)을 확인할 수 있습니다. **사진을 터치하면 전체 화면으로** 크게 볼 수도 있습니다.

03 삭제하고 싶은 사진(동영상)이 있다면 **사진을 터치**하고 🗑을 **터치**합니다. **삭제 확인 창이 나타나면 [삭제]를 터치**합니다.

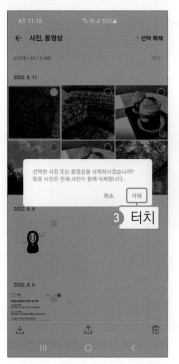

04 사진(동영상)을 한 번에 모두 지우려면 **[관리]를 터치**합니다. 사진(동영상) 관리 창이 나타나면 **[모두 삭제]를 터치**합니다.

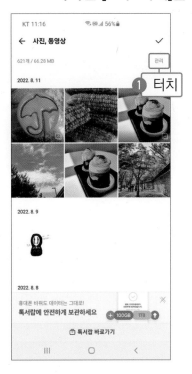

사진을 선택하고 ⬆️을 터치하면 카카오톡에 등록된 다른 친구나 채팅방에 사진을 전달할 수 있습니다. 친구(채팅방)를 터치한 후 [보내기] 버튼을 터치합니다.

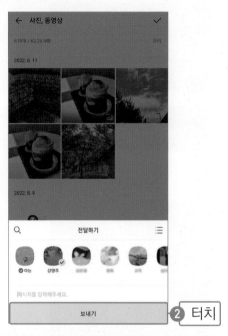

05 [채팅방 서랍]에서 [링크]를 터치합니다. [링크] 화면에서 날짜별로 주고받은 링크를 확인할 수 있고 보고싶은 콘텐츠를 **터치하면 해당 링크로 이동**합니다.

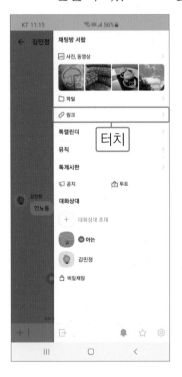

06 삭제하고 싶은 링크가 있다면 **링크를 터치**하고 🗑을 **터치**합니다. 링크 삭제 창이 나타나면 **[삭제]를 터치**합니다.

링크를 선택하고 하단의 📤을 터치하면 카카오톡에 등록된 다른 친구나 채팅방에 링크를 전달할 수 있습니다. 친구(채팅방)를 선택하고 [보내기] 버튼을 터치합니다.

01 카카오톡에 등록된 친구의 프로필을 다른 친구에게 전달하겠습니다. **부가기능 메뉴에서** (연락처)를 터치합니다. **연락처 창이 나타나면 [카카오톡 프로필 보내기]를 터치합니다.**

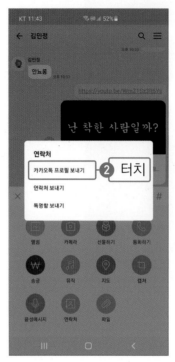

> **잠깐!**
> 연락처 보내기는 대화 중인 친구에게 다른 사람의 카카오톡 프로필이나 [연락처] 앱에 등록된 전화번호를 전달하는 기능입니다. 직접 연락처를 입력하지 않아도 되어 편리합니다.

02 **프로필 선택 화면에서 프로필을 전달할 친구를 선택**하고 **[확인]을 터치**합니다. 채팅방에 친구의 프로필이 전달되었습니다.

03 이번에는 [연락처] 앱에 등록된 전화번호를 전달하겠습니다. **부가기능 메뉴에서 ▣(연락처)를 터치합니다. 연락처 창이 나타나면 [연락처 보내기]를 터치합니다.** 앱 선택 창에서 **[연락처 선택]을 터치하고 [항상]을 터치합니다.**

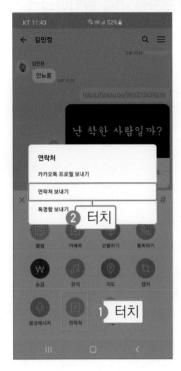

04 **[연락처 선택] 화면에서 전달할 연락처를 찾아 선택**하고 **[미리보기] 화면이 나타나면 번호 확인 후 [전송]을 터치**합니다. 채팅방에 친구의 연락처가 전달되었습니다.

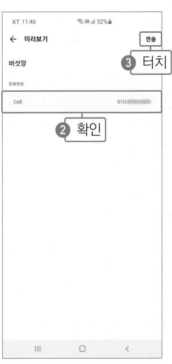

01 부가기능 메뉴에서 ⓦ(송금)을 터치합니다. 송금 창이 나타나면 [정산하기]를 터치합니다.

> 송금하기는 채팅방에 있는 친구와 비용을 정산하여 공지하고 관리하는 기능입니다. 송금 요청 알림도 보낼 수 있고 채팅방에서 바로 송금(이체)도 가능합니다.

02 정산할 친구를 확인하고 하단의 **[1/N 정산하기]** 버튼을 **터치**합니다. 금액을 입력하면 자동 정산되고 **금액 확인 후 [확인] 버튼을 터치**합니다.

03 **최종확인 창이 나타나면 [요청하기] 버튼을 터치**합니다. 채팅방에 정산결과가 공유됩니다. 정산 현황이 궁금하다면 **[정산 현황] 버튼을 터치**합니다.

04 송금 요청 기능을 알아보겠습니다. **부가기능 메뉴에서 ⓦ(송금)을 터치**하고 **[요청하기]를 터치**합니다. 금액을 입력하고 **요청 메시지를 선택한 후 [요청하기] 버튼을 터치**합니다. 채팅방에 송금 요청 메시지가 전달됩니다.

꿀팁 [계좌번호도 알려줄래요]를 선택하면 카카오톡에 연동된 은행 계좌번호를 함께 전달할 수 있습니다.

05 이번에는 직접 송금해보겠습니다. **부가기능 메뉴에서 ⓦ(송금)을 터치**하고 **[송금하기]를 터치**합니다. **보낼 금액을 입력**하고 **[봉투사용]을 선택**합니다(봉투를 사용하지 않으려면 바로 [보내기] 버튼을 터치합니다).

송금 기능을 사용하면 연동된 은행 계좌에서 일정 단위 금액을 카카오페이 머니로 충전하고 송금합니다. 송금 금액과 충전 금액에 차이가 있을 수 있으며 송금하고 남은 금액은 카카오페이로 사용 가능합니다.

06 송금 목적에 맞는 봉투를 찾아 스크롤하고 **[보내기] 버튼을 터치**합니다.

07 송금 완료 화면을 확인하고 [확인] 버튼을 터치합니다. 채팅방에 송금 완료 메시지가 전송됩니다.

1 친구에게 사진 3장을 묶어 보내봅니다.

2 친구에게 다른 친구의 카카오톡 프로필을 전달해봅니다.

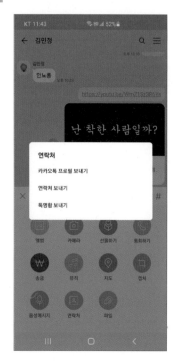 

07 카카오톡 - 더보기

학습 포인트

- 부가기능 메뉴 익히기
- 이모티콘 구매하기
- 카카오 인증서 발급받기
- 메일 보내기
- 캘린더에 일정 등록하기

카카오톡은 '카카오'라는 다양한 콘텐츠를 제공하는 회사의 메신저 앱입니다. 사용자들이 메신저 외에 카카오의 쇼핑, 동영상, 웹툰, 지도 등 더 많은 서비스를 이용하도록 연결해둔 곳이 [더보기] 탭입니다. 카카오톡 앱에서 서비스를 바로 이용할 수도 있고 앱을 추가로 설치하여 이용할 수도 있습니다. [더보기] 탭에는 어떤 서비스들이 있는지 함께 보겠습니다.

Step 01 더보기 서비스 살펴보기

카카오톡 채팅 목록 하단의 [•••]가 [더보기] 탭입니다. [더보기]는 카카오에서 제공하는 다양한 앱 서비스를 모아둔 곳입니다. 이번 챕터에서는 이용자들이 자주 사용하는 카카오 앱 서비스의 사용법을 알아보겠습니다.

지갑	신분증, 자격증, 증명서를 관리하고 사용할 수 있습니다.
송금	연결된 은행 계좌에서 카카오페이 머니로 충전하여 송금할 수 있습니다(Chapter 06 참조).
🎁 **(선물하기)**	[쇼핑] 탭의 [선물하기] 서비스로 연결되며 친구에게 선물을 보낼 수 있습니다(Chapter 05 참조).
🛍 **(쇼핑하기)**	[쇼핑] 탭의 [쇼핑하기] 서비스로 연결되며 물건을 구매할 수 있습니다(Chapter 05 참조).
😊 **(이모티콘)**	채팅에 사용하는 이모티콘을 구매할 수 있습니다.
✉ **(메일)**	카카오 계정을 통해 이메일을 주고받을 수 있습니다.
☑ **(캘린더)**	일정을 등록하고 관리할 수 있습니다.
📍 **(카카오맵)**	카카오맵 앱이 실행되며 지도에서 위치 검색을 할 수 있습니다(Chapter 09 참조).

01 [더보기] 탭에서 [이모티콘]을 터치합니다. 화면을 스크롤해 이모티콘을 살펴보고 **구매하고 싶은 이모티콘**을 터치합니다.

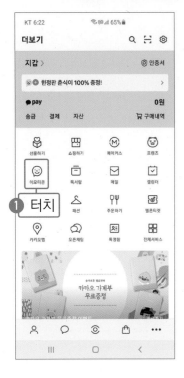

카카오 이모티콘 홈 화면에서 🔍를 터치해 이모티콘을 검색할 수 있고 추천이나 테마 카테고리를 터치해 이모티콘을 찾을 수도 있습니다.

02 화면 하단의 [구매하기] 버튼을 터치합니다. 결제 확인 창이 나타나면 [결제 수단]을 터치합니다. 원하는 결제 방법을 선택해 구매를 완료합니다.

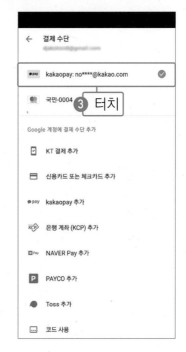

03 카카오톡의 채팅방에 입장합니다. **대화 입력창의 ☺를 터치**하면 구매한 이모티콘을 사용할 수 있습니다.

이모티콘이 채팅방에서 어떻게 보이는지 구매 전 확인할 수 있습니다. 이모티콘 상세 화면에서 스크롤해 [채팅방에서 써보기] 버튼을 터치하면 채팅방에서 써보기 화면이 나타납니다. 하단의 이모티콘을 터치해 사용합니다.

01   [더보기] 탭에서 [메일]을 터치합니다. [받은메일함] 화면의 ✏ 을 터치하고 [메일쓰기]를
터치합니다.

02   [메일쓰기] 화면의 **[받는사람]에 메일주소를 입력**하고 **[제목]과 [내용]을 입력**합니다. 사진
을 첨부하려면 📎을 터치합니다. 작업 선택 창이 나타나면 **[내 파일]을 터치**합니다.

03 [카테고리]에서 **[이미지]를 터치**합니다. **항목 선택 화면에서 이미지 폴더를 터치합니다.** 사진을 선택하고 [완료] 버튼을 터치합니다.

04 메일에 사진이 첨부되었습니다. **상단의 ◢를 터치**하여 메일을 발송합니다.

> **잠깐!** 메일함은 메일의 성격에 따라 [받은메일함], [청구서] 등으로 폴더를 생성해 관리할 수 있습니다. 메일함의 탭을 이용할 수도 있고 ☰를 터치하여 메뉴 바를 이용할 수도 있습니다.

05 메일함의 메일을 삭제해보겠습니다. **삭제하고 싶은 메일을 스크롤**합니다. **[삭제] 버튼을 터치**해 메일을 삭제합니다.

Step 03 캘린더 일정 등록하기

01 **[더보기] 탭에서 [캘린더]를 터치**하면 오늘 날짜가 표시된 캘린더가 보입니다. **하단의 ＋ 버튼을 터치**합니다.

> **잠깐만**
> ☰를 터치하면 월별/주별/일정 목록 등 원하는 형태로 달력을 설정할 수 있습니다. 또한, [톡캘린더]의 [내 캘린더], [친구 생일], [새 캘린더 만들기] 등으로 원하는 용도의 캘린더를 다양하게 만들 수도 있습니다.

02 [일정 만들기] 화면이 나타나면 **일정의 제목과 날짜를 입력**하고 확인을 터치합니다. 일정을 확인하고 **[저장]을 터치**합니다.

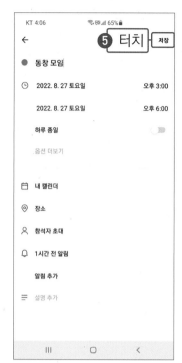

03 캘린더에 일정이 등록된 걸 **확인**할 수 있습니다.

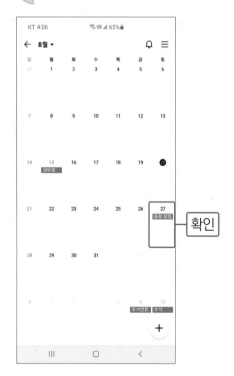

• 날짜를 이동하는 방법을 알아보겠습니다.

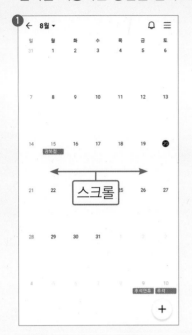

① 현재 달력에서 오른쪽으로 스크롤하면 이전 달로 이동하고 왼쪽으로 스크롤하면 다음 달로 이동할 수 있습니다.

② 좌측 상단의 [8월 ▼]를 터치합니다. [연월 선택] 창에서 위아래로 스크롤하며 원하는 날짜를 선택하고 [확인] 버튼을 터치합니다.

• 일정 만들기의 옵션을 알아보겠습니다.

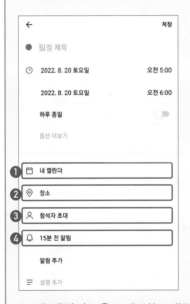

① 내 캘린더 : 용도에 맞는 캘린더를 선택해 일정을 등록할 수 있습니다.

② 장소 : 지명이나 상호명 검색을 통해 정확한 주소를 등록할 수 있습니다.

③ 참석자 초대 : 등록된 친구를 선택하여 일정을 공유하고 알림을 보낼 수 있습니다.

④ 15분 전 알림 : 다양한 시간 설정을 통해 일정 전에 알림을 받을 수 있습니다.

04 등록된 일정을 삭제해보겠습니다. **캘린더에서 삭제하고 싶은 일자를 터치**합니다. [일정] 창이 나타나면 삭제를 원하는 일정을 터치합니다.

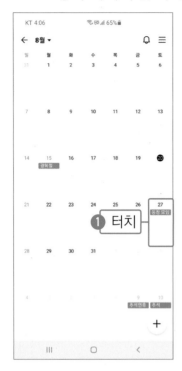

05 등록한 일정의 세부 화면이 나타나면 ⫶을 **터치**합니다. **메뉴 창에서 [삭제]를 터치**하면 일정이 삭제됩니다.

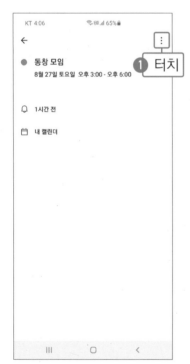

1 친구에게 오늘 찍은 사진 한 장을 첨부해 메일을 보내봅니다.

2 다음 수업 일정을 캘린더에 등록해봅니다.

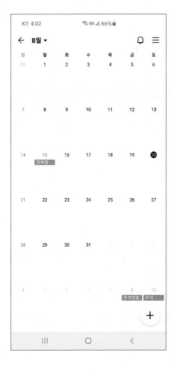

08 이동에 필요한 - 카카오 T

학습 포인트

- 카카오 T 설치하기
- 택시 호출하기
- 카카오 바이크 찾기

카카오 T는 택시, 대리, 주차, 바이크(자전거) 등 각종 이동 수단을 원하는 위치로 호출하거나 검색해 편리하게 이용할 수 있도록 해주는 서비스입니다. 이번 챕터에서는 카카오 T 앱을 설치하는 방법과 택시 호출, 바이크 이용 방법을 알아보겠습니다.

 미리보기

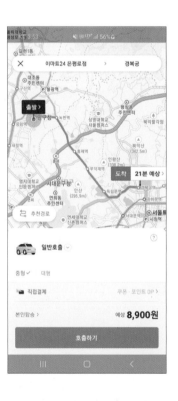

Step 01 | Play 스토어에서 앱 설치하기

• 앱스 화면에서 [Play 스토어] 앱을 터치하고 Play 스토어가 실행되면 **Google play 검색 창에 '카카오티'라고 입력**합니다. 관련 앱 목록이 나타나면 그중 **'카카오 T'를 터치**합니다.

• **[설치] 버튼을 터치**합니다. 설치가 완료되면 **[열기] 버튼을 터치**해 카카오 T를 실행합니다. **권한 허용 화면에서 [확인] 버튼을 터치**합니다.

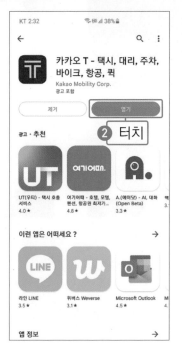
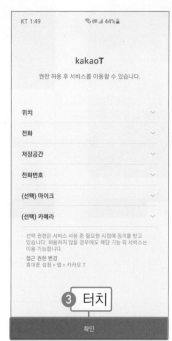

- 권한 허용 확인 창이 나타나면 모두 [허용] 또는 [앱 사용 중에만 허용]을 터치합니다.

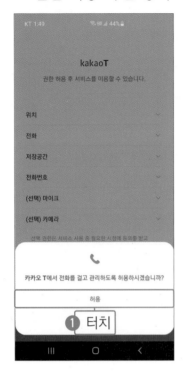 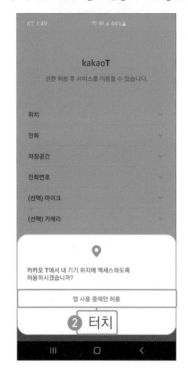 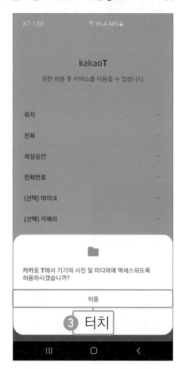

- 카카오 T 시작 화면에서 [카카오계정으로 시작하기] 버튼을 터치합니다. 휴대폰 번호 인증 창이 나타나면 [확인] 버튼을 터치합니다. 휴대폰 번호 인증을 완료하고 [다음] 버튼을 터치합니다.

····
Step 01   택시 호출하기

01 홈 화면에서 [택시]를 터치합니다. 지도에 나의 현재 위치가 표시됩니다. [어디로 갈까요?]를 터치합니다.

> 지도의 ⊕은 '현재 내 위치'로 돌아오는 기능입니다. 먼 곳으로 지도를 움직이거나 서비스 오류로 내 위치를 정확히 찾지 못할 때 터치하면 다시 현재 내 위치로 돌아올 수 있습니다. 지도 기반의 모든 앱에 필수로 있는 기능이니 기억해두면 좋습니다.

02 [도착지 검색]을 터치해 도착지를 입력하면 유사한 지명과 건물명이 나옵니다. 일치하는 곳을 터치하고 세부 주소까지 확인한 후 [도착] 버튼을 터치합니다.

현재 위치가 아닌 다른 곳으로 택시를 부르려면 [출발지 검색]을 터치해 원하는 위치로 출발지를 입력하면 됩니다.

03 출발지에서 도착지까지의 경로와 예상 소요 시간이 지도에 표시됩니다. **택시 종류와 예상 요금을 확인하고 원하는 택시를 터치**합니다. 차량 크기는 탑승하는 인원수와 상황을 고려해 선택하고 **[호출하기] 버튼을 터치**합니다.

04 결제수단 창이 나타나면 **원하는 결제수단을 선택해 [적용하기] 버튼을 터치**하고 **[호출하기] 버튼을 터치**합니다.

• **직접결제** : 직접결제는 택시에서 하차할 때 기사님께 현금 또는 카드로 직접 결제할 수 있습니다.

• **그 외 결제수단** : 미리 결제수단을 등록해 하차 시 자동 결제되도록 합니다.

• [결제수단 추가] 버튼을 터치하면 '카카오 T 포인트'도 결제수단으로 사용이 가능합니다. 원하는 결제수단을 등록하고 하단의 [적용하기] 버튼을 터치합니다.

01 홈 화면에서 [바이크]를 터치합니다. 추가 동의 창에서 [필수] 항목만 선택하고 [동의] 버튼을 터치합니다.

02 지도에 나의 현재 위치가 표시됩니다. 나와 가장 가까운 거리에 있는 **바이크를 찾고** 🚲 을 터치합니다. 바이크 안내 창에서 **바이크의 종류와 이용 요금을 확인하고** [결제수단 등록]을 터치합니다.

사람이 자전거에 탄 아이콘이 일반 바이크, 위쪽에 배터리 표시가 있는 아이콘이 전동 바이크입니다. 전동 바이크의 경우 일반 바이크에 비해 이용 요금이 더 비싸고 배터리 잔량에 따라 주행 가능한 시간이 다르니 확인하고 선택합니다.

03 결제수단 창이 나타나면 **[결제수단 추가]** 버튼을 **터치**합니다. 원하는 결제수단을 선택해 등록하고 **[적용하기]** 버튼을 **터치**합니다.

04 대여할 바이크가 있는 곳으로 이동해 **바이크의 QR 코드를 찾고 [대여하기] 버튼을 터치**합니다. 카메라가 실행되면 바이크에 부착된 QR 코드를 비춥니다.

바이크를 이용한 후 반납할 때는 반납 가능한 지역을 확인 후 반납하도록 합니다. 서비스 외 지역에 반납할 시 추가 요금이 발생합니다.

1 현 위치에서 지하철역까지 카카오 택시를 일반호출로 부르면 예상 소요 시간과 요금이 얼마나 되는지 확인해봅니다.

2 현 위치에서 가장 가까이 주차된 전동 바이크의 위치를 찾아봅니다.

 **어디에서나 - 카카오맵**

- 카카오맵 설치하기
- 도보 안내 이용하기
- 대중교통 검색하기
- 내비게이션 이용하기

- 친구에게 위치 공유하기

카카오맵은 장소 검색을 바탕으로 하는 지도 서비스로 길 찾기와 위치 공유 기능을 쉽게 이용할 수 있습니다. 대중교통 및 교통상황도 실시간으로 확인할 수 있어 전국 어느 곳에서나 이동을 편리하게 해줍니다. 이번 챕터에서는 카카오맵 앱을 설치하는 방법과 기본 사용법을 알아보겠습니다.

 미리보기

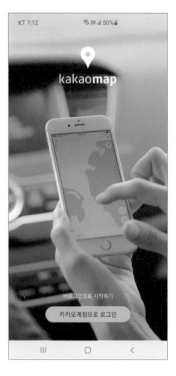

Step 01   Play 스토어에서 앱 설치하기

- 앱스 화면에서 [Play 스토어] 앱을 터치하고 Play 스토어가 실행되면 **Google play** 검색창에 '**카카오맵**'이라고 입력합니다. 관련 앱 목록이 나타나면 그중 '**카카오맵**'을 터치합니다.

- [설치] 버튼을 터치합니다. 설치가 완료되면 [열기] 버튼을 터치해 카카오맵을 실행합니다.

- 카카오맵 시작 화면에서 [카카오계정으로 로그인] 버튼을 터치합니다. 로그인 안내 창에서 [카카오계정으로 로그인] 버튼을 터치합니다.

- 카카오맵 권한 허용 창이 나타나면 [앱 사용 중에만 허용]을 터치합니다.

Step 01 장소 검색 및 도보 길찾기

01 카카오맵을 실행하고 검색창을 **터치**합니다. 도착지를 입력하고 해당하는 곳을 **터치**합니다.

02 지도의 ⊕를 **터치**합니다. 이동 방법은 🚶을 **터치**해 도보로 설정하고 **[경로상세]**를 **터치**합니다.

도착지 화면에서 을 터치하면 도착지 주변을 360도 파노라마 사진으로 확인할 수 있습니다. 사진을 스크롤해 화살표를 터치하면 화살표가 가리키는 방향으로 이동되어 거리의 모습을 보여줍니다.

03 도보 이동 경로가 구간별로 상세하게 표시됩니다. **화면을 스크롤해 경로 전체를 볼 수 있고 구간을 터치**하면 상단에 해당 위치의 설명이 나타납니다.

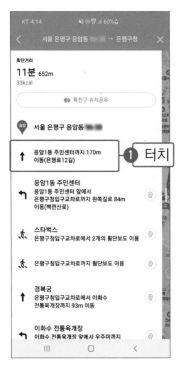

04 구간별 방향 표시 바를 아래로 스크롤하면 전체 경로를 한눈에 볼 수 있습니다. **안내를 종료할 때는** ☒**를 터치합니다.**

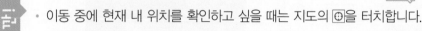

- 이동 중에 현재 내 위치를 확인하고 싶을 때는 지도의 ⊞을 터치합니다.
- 대중교통 경로는 상세 화면 상단 메뉴에서 확인 가능합니다(135쪽 참고).

Step 02 내비게이션 이용하기

01 **검색창을 터치하고 도착지를 입력**합니다. 유사한 지명과 건물명이 나오면 **일치하는 곳을 터치**합니다.

02 이동 방법은 🚗을 터치해 자동차 내비게이션 모드로 설정하고 **하단의** 🔘을 **터치합니다.**
주행기록 동의 창에서 [확인] 버튼을 터치합니다.

03 **권한 허용 창이 나타나면** [허용]을 **터치합니다.** 다른 앱 위에 표시 화면에서 **[권한 허용]**
토글을 터치해 활성화합니다.

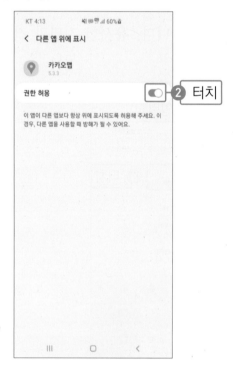

04 내비게이션 안내가 시작됩니다. **종료하려면 하단의 ▤를 터치**하고 **[안내종료]를 터치합**
니다.

내비게이션의 다른 메뉴를 살펴보겠습니다.

① **전체경로** : 안내 중에 전체 경로와 현재 위치를 확인할 수 있습니다.

② **다른경로** : 무료도로/일반도로우선/고속도로우선 등의 옵션을 선택해 다른 경로를 안내받을 수 있습
니다.

③ **주행설정** : 안내 음성의 음량을 조절할 수 있고 야간주행 시 화면을 다크 모드로 변경할 수 있습니다.

01 화면 상단의 **검색창을 터치**합니다. **'약국'을 입력**합니다. 주변 약국들의 위치와 정보가 검색되었습니다. **검색 결과 중 한 곳을 터치**합니다.

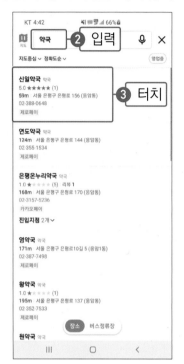

> 카페, 편의점 등과 같은 주요 편의시설은 검색창 아래 메뉴 바에서도 검색이 가능합니다.

02 지도에 약국이 표시되고 **하단의 🚩을 터치**합니다. 전체 이동 경로가 표시되고 이동 방법을 도보로 선택한 후 길 안내를 진행합니다.

01 나의 현 위치를 카카오톡에 등록된 친구에게 일정 시간 공유하는 기능입니다. **검색창의 ☰를 터치하고 [톡친구 위치공유]를 터치**합니다.

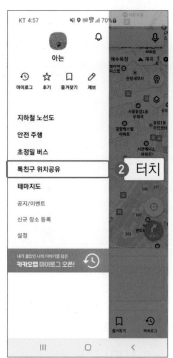

02 **위치를 공유할 친구 또는 채팅방**을 터치합니다. 위치공유 동의 창이 나타나면 **[동의 후 위치공유 시작] 버튼**을 터치합니다.

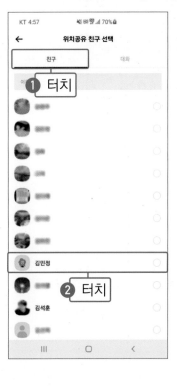
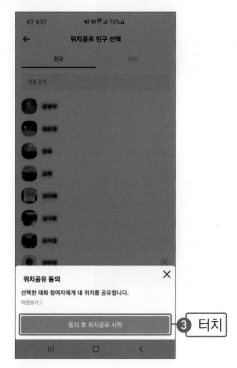

03 지도에 나의 프로필과 공유 시간이 나타나고 **위치를 공유한 채팅방에도 공유 알림이 표시됩니다.**

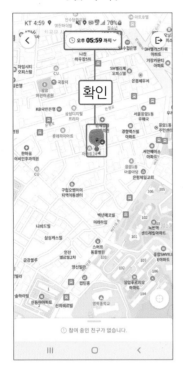 

> **잠깐** 공유 시간 바를 터치하면 최소 1시간에서 최대 6시간까지 1시간 단위로 시간을 변경 및 설정할 수 있습니다.

04 공유 도중에 종료하려면 ⮕ 을 터치합니다. 위치공유 종료 창이 나타나면 [종료]를 터치합니다. 공유한 채팅방에 종료 알림이 표시됩니다.

05 약속 장소 등 특정 장소를 친구에게 공유하는 법을 알아보겠습니다. **공유할 장소를 검색하거나 지도에서 터치하고 하단의 🔗를 터치합니다.** 공유하기 창에서 **[카카오톡] 아이콘을 터치**합니다.

06 공유 대상 선택 화면에서 약속 장소를 공유할 친구 또는 채팅방을 선택하고 [확인]을 터치합니다. 공유한 채팅방에 위치 정보가 전송됩니다.

1 가고 싶은 지역 명소를 내비게이션 모드로 검색하여 이동 시간을 확인해봅니다.

2 가장 가까운 우체국을 도보 이동으로 검색해봅니다.

> **히트** 검색창 하단의 아이콘을 왼쪽으로 스크롤하여 우체국 아이콘을 터치하면 손쉽게 검색할 수 있습니다.

카카오 - 지하철&버스

학습 포인트

- 카카오지하철&버스 앱 설치하기
- 지하철역 정보 확인하기
- 지하철 검색하기
- 버스 정류장 정보 확인하기
- 버스 검색하기

카카오지하철&버스 앱은 대중교통 수단의 대표인 지하철과 버스의 실시간 정보를 제공하는 앱입니다. Chapter 9에서 소개한 카카오맵보다 교통수단 정보를 더 자세하고 간편하게 이용할 수 있어 많은 사용자가 이용하고 있습니다. 이번 챕터에서는 카카오지하철&버스 앱을 간편하게 설치하는 방법과 기본 사용법을 살펴보겠습니다.

 미리보기

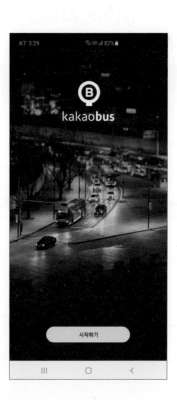

Step 01 카카오지하철 앱 설치하기

- 카카오톡 [더보기] 탭을 통해 앱을 설치해보겠습니다. **카카오톡을 실행시켜 [더보기] 탭을 터치**합니다. 화면을 스크롤하고 **[카카오지하철]을 터치**합니다.

- Play 스토어의 **카카오지하철 창이 나타나면 [설치] 버튼을 터치**합니다. 설치가 완료되면 **[열기] 버튼을 터치**해 카카오지하철 앱을 실행합니다.

- 카카오지하철 시작 화면에서 [시작하기] 버튼을 터치합니다. 지하철 노선도가 나타나고 화면을 확대 및 축소할 수 있습니다.

  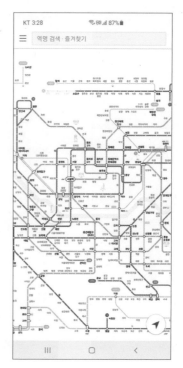

Step 02 카카오버스 앱 설치하기

- 카카오톡을 실행시켜 [더보기] 탭을 터치합니다. 화면을 스크롤하고 [카카오버스]를 터치합니다.

- Play 스토어의 **카카오버스 창이 나타나면 [설치] 버튼을 터치**합니다. 설치가 완료되면 **[열기] 버튼을 터치**해 카카오버스 앱을 실행합니다.

- **카카오버스 시작 화면에서 [시작하기] 버튼을 터치**합니다. 정류장 검색창이 나타납니다.

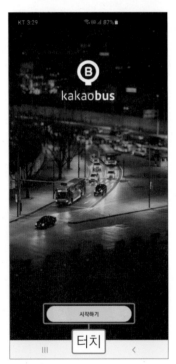 

Step 01 카카오지하철 기본 메뉴 익히기

01 카카오지하철 앱을 터치해 실행합니다. **지하철 노선도에서 ☰을 터치**합니다. [지역 설정]에서 지역에 따른 지하철 노선도를 설정할 수 있습니다. **서비스 이용을 원하는 지역을 터치**합니다.

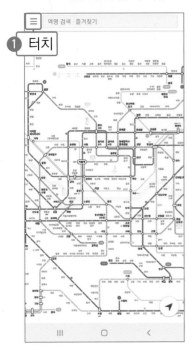

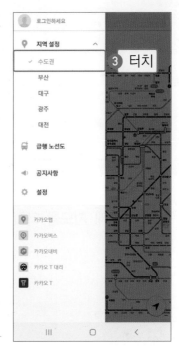

02 지하철역을 검색해보겠습니다. **검색창을 터치하고 역 이름을 입력**합니다. 해당 지하철역을 터치합니다.

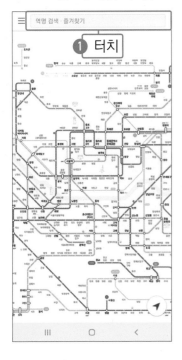

03 노선도 메뉴에서 [상세]를 터치하면 해당 역의 출구 및 실시간 도착 정보를 확인할 수 있고 [시간표] 버튼을 터치하면 열차의 전체 시간표를 확인할 수 있습니다. ⟨ 를 터치합니다.

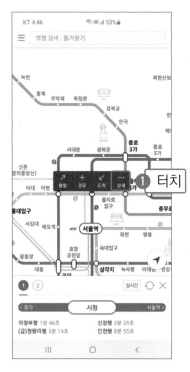

04 [출구 정보] 아래 지도를 터치합니다. 역 주변의 지도와 가까운 출구 및 버스정보도 확인할 수 있습니다.

05 나의 현재 위치와 가까운 지하철역을 찾아보겠습니다. **홈 화면에서 ⊙을 터치합니다. 위치 정보 제공 확인 창이 나타나면 [승인]을 터치하고 허용 창에서 [앱 사용 중에만 허용]을 터치합니다.** 가까운 지하철역이 노선도에 표시됩니다.

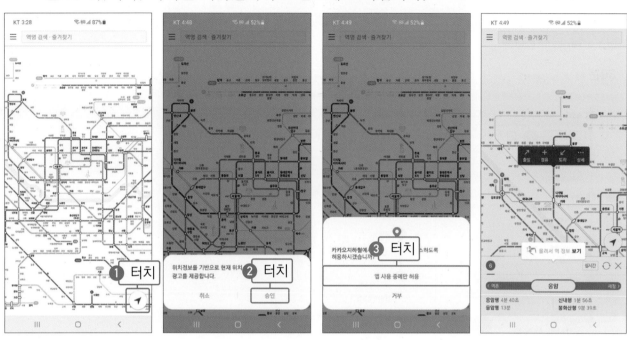

···· ────
Step 02 지하철 이동 경로 검색하기

01 **검색창에서 지하철역을 검색하거나 노선도에서 원하는 역을 터치합니다.** 메뉴 창이 나타나고 [출발]을 터치하면 해당 역에 출발 핀이 표시됩니다. [도착] 역시 동일한 방법으로 노선도에 표시합니다.

02 [최단시간] 탭을 터치하면 **이동 경로와 소요 시간, 환승 횟수, 요금, 도착 시간, 빠른 환승 위치 등의 정보가 표시**됩니다. 이동 역의 개수 부분을 터치하면 해당 구간의 모든 역을 확인할 수 있습니다.

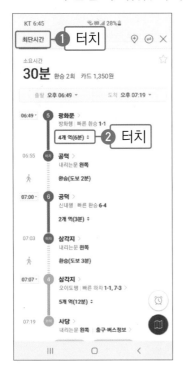 

최단시간 화면의 ●를 터치하면 전체 노선도에서 해당 경로를 한눈에 확인할 수 있고, ⇄을 터치하면 출발지와 도착지를 서로 바꾼 이동 경로를 확인할 수 있습니다.

03 **[최소환승]** 탭을 **터치**하면 환승을 **최소한으로 하여 이동할 수 있는 경로가 표시**됩니다. 도착지의 [출구 · 버스정보]를 터치하면 도착지 주변의 지도에서 출구번호와 버스정류장을 확인할 수 있습니다.

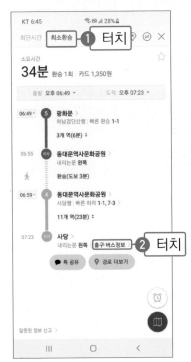

[톡 공유] 버튼을 터치하면 카카오톡에 등록된 친구에게 내 위치와 도착 시간을 실시간으로 공유할 수 있습니다.

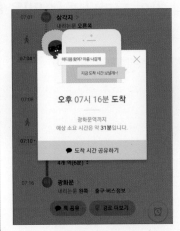

01 카카오버스 앱을 터치해 실행합니다. **홈 화면 상단의 ☰을 터치**합니다. [지역설정]을 터치하고 **서비스 이용을 원하는 지역을 선택해 터치**합니다.

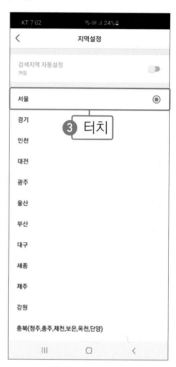

02 **홈 화면의 [주변 정류장] 탭을 터치**합니다. 광고 제공 동의 창이 나타나면 **[승인]을 터치**하고 권한 허용 창에서는 **[앱 사용 중에만 허용]을 터치**합니다.

03 [주변 정류장] 탭을 **터치**합니다. 버스정류장의 위치가 지도에 표시되고 **정류장을 터치**하면 **정류장 번호(ID), 이름, 이용 가능한 버스와 도착 시간, 혼잡 상태를 확인**할 수 있습니다.

04 화면을 스크롤해 살펴본 후 **버스를 터치**합니다. 해당 **정류장을 기준으로 버스의 전체 노선과 운행 현황을 확인**할 수 있습니다. ＜를 **터치**합니다.

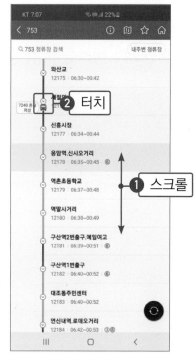

버스 전체 노선 화면에서 ⓘ를 터치하면 버스의 운행 지역과 시간, 배차간격 등 기본 정보를 확인할 수 있습니다.

05 화면 상단의 를 **터치**합니다. 버스 노선을 지도에서 한눈에 확인할 수 있습니다.

Step 04 버스 검색하기

01 버스 검색에는 세 가지 방법이 있습니다. 먼저 버스 번호로 검색해보겠습니다. **홈 화면의 검색창을 터치해 버스 번호를 입력**합니다. 동일하거나 유사한 번호의 버스들이 검색되고 번호와 지역을 확인한 후 해당 버스를 터치합니다.

02 터치한 버스의 전체 노선과 운행 현황 화면이 나타납니다. **화면을 스크롤해 살펴보고 이용하려는 정류장을 터치합니다.**

03 해당 정류장의 탑승 가능한 버스 목록이 나타나고 █을 **터치하면 즐겨찾기가 설정**됩니다. 즐겨찾기로 설정하면 매번 버스를 따로 검색할 필요 없이 앱을 실행할 때마다 홈 화면에서 해당 버스의 위치를 바로 확인할 수 있습니다.

04 두 번째로 정류장 이름으로 검색해보겠습니다. **검색창을 터치하고 [정류장] 탭을 터치합**
니다. 정류장 이름을 입력하면 유사한 명칭의 정류장들이 나옵니다. **주소를 확인하고**
이용을 원하는 정류장을 터치합니다.

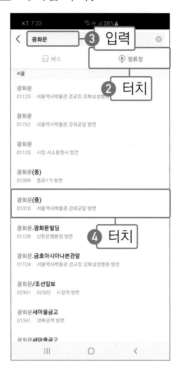

05 탑승 가능한 버스 목록이 나오고 **버스를 터치하면 해당 정류장을 기준으로 버스의 전체 노**
선과 운행 현황을 확인할 수 있습니다. 화면을 **스크롤해 목적지의 정류장을 터치합니다.**

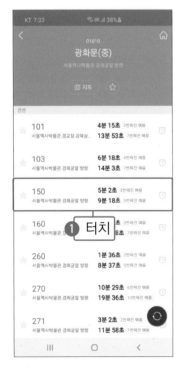
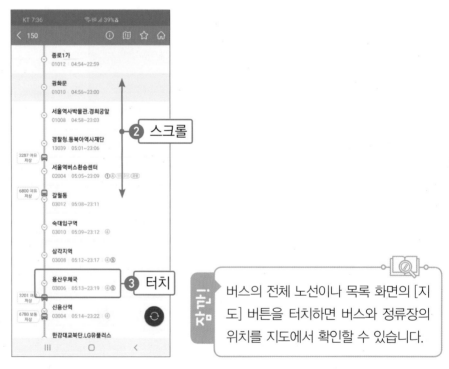

버스의 전체 노선이나 목록 화면의 [지
도] 버튼을 터치하면 버스와 정류장의
위치를 지도에서 확인할 수 있습니다.

06 목적지의 정류장에서 탑승 가능한 버스 목록이 나타납니다. **[지하철] 버튼을 터치하면 가장 가까운 지하철역의 정보도 확인**할 수 있습니다.

07 마지막 정류장 번호(ID)로 검색해보겠습니다. **검색창을 터치하고 [정류장] 탭을 터치합니다.** 정류장 번호를 입력하면 동일한 번호를 사용하는 정류장들이 검색됩니다. **주소를 확인하고 정류장을 터치**해 버스와 정류장 정보를 확인합니다.

1 지하철로 명동역에서 출발하여 청계산입구역에 가려고 할 때, 소요 시간과 환승 횟수, 요금을 알아봅니다.

2 143번 버스를 타고 창경궁에서 고속터미널까지 가려고 할 때, 타는 곳의 정류장 이름과 내리는 곳의 정류장 번호(ID)를 각각 알아봅니다.

> **따라하기** [카카오버스] 앱에서 버스 번호 143으로 검색한 뒤 전체 노선도를 위아래로 스크롤하면 정류장 이름과 번호를 확인할 수 있습니다.

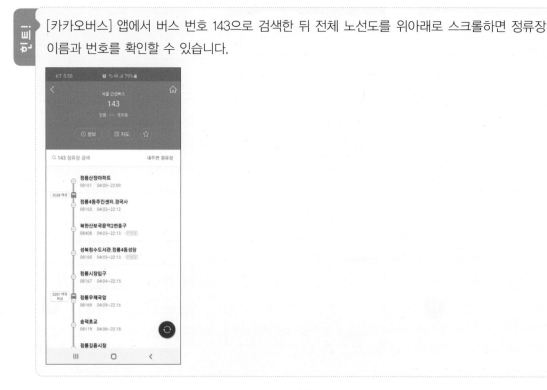

좋은 책을 만드는 길
독자님과 함께하겠습니다.

도서에 궁금한 점, 아쉬운 점, 만족스러운 점이
있으시다면 어떤 의견이라도 말씀해 주세요.
시대인은 독자님의 의견을 모아 더 좋은 책으로 보답하겠습니다.

www.sdedu.co.kr

아는만큼 재미있는 **카카오톡**

초 판 발 행	2022년 11월 10일(인쇄 2022년 10월 27일)
발 행 인	박영일
책 임 편 집	이해욱
저 자	권지숙
편 집 진 행	성지은, 박경림
표 지 디 자 인	김도연
편 집 디 자 인	신해니
발 행 처	시대인
공 급 처	(주)시대고시기획
출 판 등 록	제 10-1521호
주 소	서울시 마포구 큰우물로 75 [도화동 538 성지 B/D] 9F
전 화	1600-3600
팩 스	02-701-8823
홈 페 이 지	www.sdedu.co.kr
I S B N	979-11-383-3500-3(13000)
정 가	10,000원